人間社文庫‖昭和の性文化⑧

風俗のミカタ 1968-2018

極私的風俗50年の記録

伊藤裕作著

人間★社

はじめに

二〇一六年五月、野外に劇場を建てて芝居を打つ「水族館劇場」の勧進元を、わたしが生まれ育った三重県津市芸濃町でやると言った時、

「えっ、どうして風俗ライターが、そんなことをするの？」

多くの人が、口を揃えた。


寺山修司の「家出のすすめ」に煽られて一九六八年二月、受験のために東京へ向かったわたしは、最初から風俗ライターを志していたわけではない。

当初は寺山さんと同じ大学へ入って、寺山さんのように芝居をしたい。そう思っていた。ところが、世の中そう甘くはなかった。寺山さんと同じ大学、同じ学部には受かったが、アルバイトをしなければ東京で生きていけない。そんな学生に、芝居をやっている余裕は

なかった。やむなく、寺山さんの短歌を手本にして見よう見まねで歌を作り、当時熱気のあったアングラ芝居を観て廻る、そんなアルバイト学生になることを選択する。

上京して四年、時代的にさまざまなこともあり、大学は正規で卒業できなかった。

そんな時に友人から、芝居を手伝って欲しいと要請される。ようやく東京で芝居に携わることができる。喜々として参加した。だが、この劇団は東京公演の後、全国を巡演するという。せっかく東京に出てきたのに……。わたしは一年で、この劇団を離れ、またアルバイト学生に戻った。そしてこの頃、寺山さんの競馬評論に度々登場する風俗嬢の桃ちゃんが無性に気になり始め、気が付くと大学を七年かけて卒業後、その桃ちゃんを探して日本全国の盛り場を取材する風俗ライターになっていた。

もちろん、そうした仕事をしながらも、アングラ芝居を観て廻ることはやめなかった。

そんな全国の桃ちゃんの中に、かつての旅芸人のように日本全国の盛り場を渡り鳥のように旅して廻る子がいることを知る。同様に、アングラ劇団の中に日本列島を旅をして興行しているところがいくつかあることも知る。

いつしかわたしは、そうした旅するアングラ劇団に心をときめかせるようになっていた。

二五歳から五五歳までの三〇年間、一年に三〇〇人強、トータルにすると約一万人の風俗嬢を取材した。いろいろな体験をし、話も聞けて正直楽しかった。やがて、そうした彼女たちに対し「そんなことをしていたら地獄へ堕ちるぞ」という声があることが気になってくる。同時に、そうした女性たちに寄り添い、彼女たちの声を聞いて記事にしているわたしも、また地獄へ堕ちるのではないか？　そのように思い始める。そこで法政大学の大学院に社会人入学して、娼婦を学問として学び「戦後の娼婦小説の系譜と寺山修司の娼婦観」という修士論文を書く。

こうした学びを続けるうちに、身体を張って生きる娼婦であっても、地獄に堕ちることはないと説く浄土宗・法然上人の教えを知る。丁度そんな時、わたしの三重県の実家の墓を誰が守るのかという問題が浮上する。わたしの実家は法然上人に帰依した親鸞聖人開祖の真宗高田派の檀家であり、聖人も娼婦であっても「南無阿弥陀仏」と念仏を称えれば浄土へ往ける、と説いていた。

還暦を過ぎ、親鸞聖人を学びながら実家の墓守をし、故郷、三重県津市芸濃町と東京を往ったり来たりする生活スタイルを〝ハーフターン〟と名付け、これを実践しながら、日本でたった一つしかない〝げいのう〟という名の町を〝芸の濃い演劇＝アングラ芝居〟で町興し。もちろん、こんなことは一人でできることではない。地域の先輩や、小・中学校時代の友人の力を借りて「芸濃町を芸濃い町にする会」を立ち上げ、その旗揚げ興行に「水族館劇場」を招聘した。

寺山修司の「東京へ出てこい」の呼びかけに呼応し、東京へ行って芝居をしようという思いを胸に飛び立って五〇年。寺山さんが作り上げた桃ちゃんという風俗嬢のおかげもあって、旅芸人のように生きる人たちに共振する心が持てたことを誇りに思う。さらにいえば古希を迎えたいま、初期の目標であったアングラ芝居の世界にも足を踏み込むことができ、多くの友にも恵まれ、さらにこうして、その歩みを総括する本まで出すことができた。ありがたい限りである。

その時々のムードによって世の中の風俗及び娼婦に対する〝見方〟は変化する。そうした中でわたしの、どうして彼女たちが「地獄へ堕ちなければいけないのか?」という問いと、わたし自身はいつだって風俗、そしてそこで働く人たちの〝味方〟であるという思いは一貫していた。

と、ともに、わたしにとってアングラ芝居は、芸術・文化というより芸能であり、風俗であるという〝見方〟も昔もいまも変わってはいない。

そう付け加えて「風俗のミカタ 1968-2018」の幕開きです。

風俗のミカタ 1968-2018

極私的風俗50年の記録

目次

▼本書は昭和末年から平成半ばにかけて、著者がさまざまな媒体で掲載した書き物を一部加筆訂正して収録しています。そのため、現在では不適切と思われる表現もありますが、発表当時の時代背景及び著者の意図を尊重してそのままとしました。ご理解ください。（編集部）

◀エロ本、ピンク映画、そして風俗の現場でわたしは社会の表と裏を学んだ。

俗論考

フーゾクライターとして生きるということ

フーゾク嬢の虚像と実像

人は皆
それぞれ悲しき
過去持ちて
賽の河原に
小石積みたり

去年の夏、この歌碑を恐山で見て以来、僕はなんどこの歌を口ずさんだことか。
エイズ関連のニュースが連日報道される今日この頃、そのハイリスクの現場であるフーゾク産業で働く女性たちと出会うたびに、この歌が口をついて出る。彼女たちは表面上明るく振るまっているが、その肉声を聞けば聞くほど〝悲しい過去〟が見え隠れする。

僕が生業《なりわい》とするフーゾクライターの仕事はそんなフーゾク現場のナマの声を伝えることである。

しかし、同時に〝商品化された〟彼女たちをPRすることも、またフーゾクライターの仕事である。

性の〝商品化〟云々の議論がある。

もちろん、性は〝商品化〟されない方がいいに決まっている。

「入ったきっかけ？　借金。カードで買い物をしすぎて、気が付いたら月々の返済がお給料では追いつけないぐらいになってたの」

「身内に病人がでて、わたしが働かないと、病院の治療費が出せないことがわかって、手っ取り早く大きく稼げるところというのでソープで働き始めたんです」

「オヤジが刑務所に入ったの。今度出てきたらカタギになるっていってるから、刑務所に入っている間に、わたしが稼いで、出てきたときに小さな居酒屋でもやっていようと思ってさ」

「入った理由？　ホントのことというの？　これよ、これ（と、親指を立てる）。そうでなきゃ、こういう仕事に入るわけないでしょ。これが（も一度親指を立て）借金作っちゃったの」

「クラブホステスやってたんだけど、お客の未収金が五百万円ぐらいになって、それで仕方なく、お風呂勤めになったワケ」

最近出会ったソープ嬢がオフレコで語った業界入りのキッカケをアトランダムに並べてみた。

ところで、こんな彼女たちもこと取材となると、入ったキッカケを、

「オトコが好きだから」

「ＳＥＸに興味があったから」

と、サラリと言ってしまう。

そして、僕たちフーゾクライターは、そんな彼女たちの建て前のとらばーゆ理由をそれが当然のように書いているのだ。

その結果、フーゾク嬢イコール、自らすすんで性を〝商品化〟する女性たちという錯覚が生まれるのだが、この構図は、フーゾクライターがフーゾク嬢のＰＲすることをその仕事の一部にかかえている以上、たぶんにどうしようもないことなのである。

僕はフーゾクライターはプロレスライターと同じだと常々思っている。

ショーアップされたスポーツであるプロレスを八百長という人がいるが、プロレスライターにとって、八百長という言葉は、その仕事をしている限りタブーであろう。

同じように、遊ぶ側に立って書くフーゾクライターにとって、遊ぶ男たちの〝ヤル気〟をそぐ、暗く悲しい彼女たちの過去を記すこともまたタブーなのだ。

はたして、性の〝商品化〟を云々する人は、その内実をどれくらい知っているのだろうか。

「そんなことは言い訳だ。なら、どうして、お前たちが、本当の彼女たちの姿を伝えないのか」

そう言われたら僕らはグーの音も出ない。

彼女たちは、自分たちの性を売るからには、買い手により気持ちよく買ってもらいたいと考えている。

そのためには、売り手としてマイナスになることは決して、表ざたにしたがらない。

そしてひとり歩きするキレイな包装紙につつまれたフーゾク嬢の虚像。

それを見、それを元にして〝商品化〟云々を議論して、一体何になるというのだ。

もし、その議論を本当にやろうというのなら、包装紙を解きほどき、彼女たちの実像を見た上で、やらなくては何の意味もない。と、僕は思う。

フーゾク満開時代の桃色愚民化政策

一九七六（昭和五一）年暮。取材のために、僕が初めて足を踏み入れたフーゾク現場は、当時、盛り場で人気を博していたピンクサロンだった。

薄暗い店内で〝ア～ソレ、ソレ、チ〇コマ〇コ、チ〇コマ〇コ〟のけたたましいＢＧＭにのって、ボックスシートで僕の身体にまとわりつくホステスのエネルギッシュな姿が、僕に激しいカルチャーショックを与えた。

七〇年安保の熱いときが過ぎ、人々の暮らしは、平穏な日常が当たり前の日常となり始めていた頃だ。そんなとき、目にした肉弾派のピンクサロンホステスの姿は、僕にはまぶしかった。その喧騒は何ごとも起きない僕のごくごく退屈な日常には刺激的だった。一体、ここで働く女性たちは、何を考えて、初めて会った男に、かくも簡単に身体を投げ出せるのか。僕はいつしか、彼女たちのエネルギッシュな生きざまを見据えたいという衝動にかられ、取材と称して、足繁くピンクサロンへ通い始めるようになっていた。

仲よくなり、裏話を聞くと、彼女たちの中には、小さな子どもがいて、仕方なく、その身体を一見《いちげん》の客に投げ出している女性が何人もいた。

「生きていくためには仕方ないのよ」

彼女たちは、あきらめとも居直りともとれる言葉で、自らを語り、セックス現場で肉体を乱舞させた。

オヤジ（夫のこと）がいる。子どもがいる。これは性を売る女性たちにとって、決して表ざたにしたくない秘密である。

こうして取材を重ね、彼女たちの本当の姿が見え始めると同時に、僕は、彼女たちの悲しい過去を記せないライターになっている自分自身をこのときすでに発見していた。

僕がジャーナリスティックな眼を持ちつづけようとしたならば、ここでフーゾク現場の取材をやめていたはずだ。

しかし、僕は、やめなかった。彼女たちのエネルギッシュな生き方は、そのプライベートな部分までは描けなくても、まだまだ面白かったのだ。

そのとき、大学を七年かかって卒業したはいいが、どこにも就職できず、社会から落ちこぼれてしまった僕にとって、同じく社会から落ちこぼれてしまったピンクサロンホステスの姿が、自分自身の姿にだぶっていたといっても過言ではない。

もちろん、そうであるからこそその頃の僕はフーゾクの側に身を寄せるフーゾクライターとしての生き方に、密かな自負を持っていたことも否定しない。

「いつか、落ちこぼれた者から見た社会の歪みをルポルタージュするのだ」

そんな思いを胸に秘めながら……。

ところがそれが僕にとって、幸だったのか不幸だったのかよくわからないのだが、このご時世は奇妙な方に動き始めていた。

一九七六年という年はロッキード疑獄が表ざたになり、それから数年、自民党政権は大きく揺れつづける。

同時に、人々の政権に対する不満は増大していった。

そして、そのピークが一九八〇（昭和五五）年にやってくる。

この年の前半、社公が連合政権構想に合意し、自民党内では派閥間抗争が激化して、もしかしたら、自民党に代わって連合政権が生まれるかもしれないという政治状況を呈していた。ところが、この年の七夕衆参同日選挙は、時の首相、大平正芳の死という自民党にとって願ってもない神風が吹いて、自民党が圧勝する。

これに軌を一にして、ＴＶに漫才ブームが起こり、巷にノーパン喫茶のブームがやってくる。

それは、一般大衆はこれからは、もう政治の方を見なくていいというひとつの政策だったと、あとになって僕は理解するのだが、その頃はそんなことに気づくことなく、若手のバリバリのフーゾクライターとして、ノーパン喫茶を喜々として取材し、その後やってくるフーゾク満開時代の新しいフーゾクを、これまた喜々として取材しつづけた。

人々は、その政策に何の疑問も持たず、頭の中を桃色にして、浮かれつづけた。

もちろん、僕も、仕事が増えたことを喜び、それが時の権力の〝桃色愚民化〟政策ともつゆ知らず、そのトップ引きをしつづけていたのだから、何をかいわんやであるが……。

こうして、ピンクサロンホステスの、落ちこぼれながらなお、エネルギッシュに生きる人生を描きたいと、フーゾクライターの道を選びとったはずの僕は、ハタと気が付くと、その志とは一八〇度違う位相に立っていた。

これではいけない。

僕は冷静になって、満開のフーゾク産業を検証し、そこで働く女性たちを、初めてピンクサロンに入ったときの目で見つめ直し始めた。

そして、驚くべきことを発見する。

フーゾク満開の時代を支える女性たちは、「金さえあれば、なんでもよっしゃ」の拝金思想を、実は彼女たちが思春期の頃にすでに身につけていたという事実である。

もちろん、その拝金思想を彼女たちに植えつけたのは、時の首相であり、のちにロッキード疑獄の被告人となる列島改造の庶民派宰相田中角栄その人であった。

政治とは全く無縁に見えるフーゾクも、じっくりと見つめれば、もの凄い政治の暗部、社会の暗部が見えてくる。

僕はこのときハッキリと、そのことを自覚した。

〝性感エステ〟と〝SMクラブ〟の隆盛

一九八四（昭和五九）年暮、僕が原案を書き、流山児祥が構成・演出をしたヌードミュージカル『肉体の門１９８４』が、新宿二丁目に当時あったストリップ劇場「モダンアート」（プロデュース・ジョージ川上）で幕を開けた。翌年二月一三日に施行される〝改正風営法〟を見据え、終戦直後の娼婦を〝改正風営法〟で厳しい取り締まりの対象とされるフーゾク嬢に置き換えた、そのヌードミュージカルの中で、僕らは、権力の勝手を随所にちりばめることを忘れなかった。

〝桃色愚民化政策〟を推し進めた挙句、庶民のエネルギーが〝ほとんどビョーキ〟化すると今度は一転して「青少年の健全な育成のため」というお題目を唱えて取り締まりにかかる。

全くもって冗談ではない。

しかし、庶民のエネルギーは、このとき、そんな権力に実は負けなかった。〝改正風営法〟の施行と時を同じくして〝テレフォンクラブ〟（略称テレクラ）が巷にマン延し始める。

それは一九五八（昭和三三）年四月一日の〝売防法〟の施行後に巷にラブ・ホテルがマン延し〝悪所〟が拡散したことに類似していた。

こうして〝改正風営法〟は〝テレクラ〟という見ず知らずの男と女が、セックスするために出会う、とんでもない〝悪所〟を作り出してしまった。

一体、このまま突き進むと、どんなことになるのだろう。

フーゾクライターとして〝桃色愚民化政策〟の旗振りをした僕は、一般大衆のとてつもないエネルギーに、つくづく感動しながら、桃色化した人々のエネルギーの行き先を、じっと見つめつづけた。

〝改正風営法〟から二年がたった一九八七（昭和六二）年一月。法律では止められなかった桃色化した人々の上にもの凄い衝撃を与える事態が起きる。

一月二〇日、神戸でエイズと確認された女性患者が死亡したのである。しかも、この女性が、フーゾクで働いていたというニュースが流れた。

もちろん、このニュースは、フーゾクライターである僕にも大きなショックだった。

前述したように、フーゾクライターは、フーゾクで働く女性と同じ位相に立つのだと声高に叫び、裸の突撃取材を繰り返していただけに、万が一ということがある。

しかし、このとき、僕はハタと考えた。

僕がこのニュースに衝撃を受けた以上に、フーゾク現場で働く女性たちはもっとショックを受けているはずだ。

僕は、それから数日後に、自らエイズ検査を受けて、マイナスであることを公けにした。これが、フーゾクライター歴足掛け一七年の間で、唯一、僕がしたフーゾク嬢に対する身体を張った恩返しである。

とまれ、こうして〝ほとんどビョーキ〟化した巷のフーゾクはエイズという〝本当のビョーキ〟によって、そのエスカレートをとめた。

しかし、桃色化した庶民のエネルギーは、今度は奇妙な方向へと、そのパワーを向けていった。

エイズパニックから五年がたったいま〝性感エステ〟と〝ＳＭクラブ〟が、巷で最もトレンドなフーゾクとして脚光を浴びている。

女性の前に四つんばいになり、お尻を突き出し、お尻に指を入れられて、前立腺の刺激に身悶えする男たち。

粘膜接触がなければ、エイズの心配はないというわけで、この〝性感エステ〟は池袋に第一号店ができてから丸三年。いまでは都内にすでに百数軒が営業している。

一方、同じように直接、女性と性交渉はもたない〝SMクラブ〟もその数を増やしつづけ、女性誌でも〝SMクラブ〟のプレイぶりが紹介されるまでになっている。

もちろん、エイズパニック以降もフーゾクライターをつづけた僕は、そうした現場に何度も足を運んだ。

性感エステ嬢の前にお尻を突き出しもした。

その形は後背位のセックスにおける女性と同じ形で、実に不思議な快感が身体の中を駆け巡った。

僕はその快感に身悶えしながら、奇妙な妄想にとりつかれ始めていた。

このフーゾクが市民権を得、家庭に入り込んだら、性における男と女の立場は逆転するのではないか。

同じことを〝SMクラブ〟の取材で体感する。

ある取材で僕はお笑いタレントの〝SMクラブ〟突撃を担当した。

Sの女王さまは瑠花と名乗った。プレイ前、にこやかに応対する彼女を見、お笑いタレントが、

「女王さま、これは取材だと思わず、マジにやって下さいよ」

と、言わずもがなのことを言ったのである。

プレイが始まると同時に、僕は目を見開いたまま立ち尽した。

彼女は、何かにとりつかれたように豹変し、お笑いタレントを、まるで虫ケラのように扱い始めた。

「女王さま、よろしくお願いします」

のあいさつがなっていないといっては鞭を飛ばし、彼の身体に赤い傷を作る。

そして、彼の胸の乳首を洗たくバサミではさみ、床の上に四つんばいにさせた。

「やめて下さい」

お笑いタレントはマジになって哀願する。

「やめろ？　お前は奴隷だろ。それが女王さまのわたしに命令するのかい」

瑠花女王さまの鞭が彼の背中にピシりと飛んだ。

同時に彼女が手にした卵型の電動バイブが彼のお尻の中に放り込まれる。

彼は額から冷や汗を流し、僕に「もういいです、やめてもらって下さい」と必死の声を上げつづけた。

そのさまを見ながら、この〝女王さま〟プレイが家庭に入り込み、世の中にマン延したら、一体どうなるのだろうと、ボンヤリと考えていた。

合わせ鏡のフーゾクと社会

一九九二年二月。僕が企画し、原案を書いた『恐山の女』という一人芝居を演出・流山児祥、プロデュース・ジョージ川上という七年前にやった『肉体の門１９８４』と同じメンバーで横浜のストリップ劇場「鶴見新世界」で上演した。

主演は、寺山修司の大ファンだと語り、ＳＭクラブの女王さまのバイトをやりながら、パフォーマンス活動をしている前述の瑠花。

物語はこうだ。

ＳＭの女王さまが、フラリと恐山へやってくる。

そんな彼女に、近親相姦の果てに父親を殺した女の魂が憑依する。

男が女を買うことに、何の疑いももたない世代に生き〝家父長制〟を丸ごと信じたこの父親は、娘を自分の一部にすることにも、何の疑いももたずに、娘に三人の子どもを身ごもらせる。

ところが娘を好きになる男が現れる。父親は自らの権威の失墜をおそれ、さらに狂暴化する。耐えかねた娘が父親を殺す。

そんな父親の墓の前で、「もういっぱい見ただろう」と鎮魂のオナニーを見せる娘。

そして、

「わたしは新しい世界と性交《まぐわ》いたかった」

と、娘は父親との関係に決着《おとしまえ》をつけて、新しい世界へ飛びたとうとする。

それもつかの間、今度はSMの女王さまに朝鮮人従軍慰安婦の魂が憑依する。

〝皇軍〟の名のもとに、SMまがいの性労働を強いられる朝鮮人従軍慰安婦。

その構図は、〝家父長制〟の犠牲となった、近親相姦の娘のソレとソックリである。

狂暴な性器の槍に無理やり突かれつづけた彼女の腰巻は、まっ赤な血に染まる。

「アイゴー」

彼女は悲しみを怒りに変えて、血に染まった腰巻を投げ捨て、

「決着《おとしまえ》には時効はいらない」

と、本来のSの女王さまになって、山本リンダの『狙い撃ち』をBGMに墓に眠る父親たちに鞭をふるい、首を取る。

もちろん、これはSの女王さまが見た夢物語であり、妄想である。

しかし、〝性感エステ〟が、そして〝SMクラブ〟がマン延したとき、人々の心の中で、

こんな夢物語、妄想が大きく広がっていくだろうと、僕は思い、ストーリーを展開した。性における男と女の支配、被支配の構図が逆転すれば、それは起こるべくして起こることなのである。

一七年前、社会から落ちこぼれたピンクサロンホステスのエネルギッシュな「チ〇コマ〇コ」の歌声は、時の流れとともに、僕の意識をとんでもない所へ運んできたようである。

フーゾクと社会は合わせ鏡だ。

従ってフーゾク嬢の顔の歪みは、とりもなおさず、その社会の歪みである。

性の〝商品化〟を云々する人は、まずそのことを押さえた上で議論して欲しい。

「買う男がいるからいけない」

という論がある。

たしかに正しい。

しかし、いまのような男社会がつづく限り、この〝買う男〟は絶対になくならないだろう。

では、男社会をひっくり返すには、どうすればいいのか。

それは、冗談ではなく〝性感エステ〟と〝ＳＭクラブ〟が巷にマン延すればいい。

性行為の中で、女性の前で四つんばいになり、お尻を突き出す行為は、男にとってとてつもなく恥ずかしいことだ。

また、Sの女王さまに鞭打たれ、ハイヒールに踏みつけられることは、男にとって、屈辱以外の何物でもない。

だけど、それが普通の性行為なのだと人々が思い始めたらどうだろう。

フーゾクで、それが当たり前となれば、合わせ鏡の社会においても、そうした関係が当たり前のことになるのではないか。

そして、そうなれば、当然、いまの日本を支配する〝家父長制〟は崩壊する。

たかがフーゾク、されどフーゾク。

じーっと見据えると、とんでもない世界がかいま見える。

一九五八年〝売防法〟の施行が、赤線のワクを取り払った。

そのとき、一体、誰が、それから二十数年後のフーゾクの満開を予想しただろう。

エイズパニックのあと、お尻の快感を求める男たちが増えると、一体誰が予想しただろう。

ついでに記せば、この〝性感エステ〟を考えついた人は、吉原のソープランド経営者だった。

精液検査に出向き、看護婦に前立腺を刺激されたとき、その快感が商売になると直感したという。

何年、いや何十年か先、もしかして、本当に日本の〝家父長制〟が崩壊したとき、彼のこの〝快感〟の発見は、歴史にとどめられてしかるべき発見であったと人々は評価するだろう。

何を馬鹿なことを言っているのかと思われるかもしれない。

しかし、男と女の関係の根底にある性行為のありようが変われば、当然、世の中の仕組みは変わる。

そして、そんな日がやってきたとき、

〝人は皆　それぞれ悲しき　過去持ちて　賽の河原に　小石積みたり〟

の歌を、フーゾクライターである僕は口ずさまなくなるはずだ。

（平成4年5月1日発行「話の特集」5月号）

ある素人トルコ嬢の決意と挫折

全国に一万数千人とも二万数千人ともいわれているトルコ嬢だが、彼女たちの職業はいまだ正式な職業として認知されているわけではない。

トルコ風呂そのものがアンダーグラウンドな職業である以上、彼女たちが正式な職業として認められることはないだろうし、またさまざまな事情をもってトルコ風呂に飛び込んでいる彼女たちにしてみれば、認められなくて結構という気はなきにしもあらずであろう。であるからして、かく記す僕としても、何も声高に〃トルコ嬢に市民権を〃というつもりはないのであるが、何人、いや何十人ものトルコ嬢の話を聞いていて、フト思うことは、だからといって、トルコ嬢を人間以下の扱いで接する男たちは一体、何を考えてトルコ通いをしているのかということである。

カネでカラダを売る女なのだから、どうせ下種な女。

こう考えてトルコ風呂へ通う人がいたら、それは大きな間違いである。たしかに、彼女たちのうちの何パーセントかは、もうどうしようもない人たちであるかもしれない。

だが、振り返って考えて、彼女たちを、そのような人生の淵にまで追い込んだのは一体誰だったのか？

とりもなおさず、彼女たちを食い物にする男にほかならないという事実を抜きにして、一方的に彼女たちに非を押し付けるのはどうしたものだろうか？

こんな話を聞いた。

恋人に振られ、どうしようもなくなった一人の女性が、狭い日本から飛び出そうと、海外留学の資金稼ぎに吉原のトルコ風呂にトルコ嬢として志願した。

いささか太目ではあるが、いまはやりのピッカピッカ娘、宮崎美子に似た極めて性格のいい彼女は、もちろん入店してすぐに店の人気者になったことはいうまでもない。僕は運よく、入店一週間目の彼女と肌を合わせ、いろいろ話をすることができた。

当たり前の話だが、素人っぽく、その行為はまるで恋人としているような新鮮さであった。そのとき、

「三か月くらいこの仕事をやって、百万円ぐらいためたら、留学したいの。いまは辛いけ

ど、こうすることが、きっとわたしの将来にとってかけがいのないものになると思うわ」

某女子短大を出て、英会話学校に通っているという彼女は、理知的なマスクで、しっかりと、こう語っていた。

それから半年。彼女は、一人前のトルコ嬢として働いている。

何がそうさせたのか？　半年ぶりに対面した彼女は、すでに、あのときの素人っぽさは影を潜め、男との行為を職業としてこなす女になっていた。

「どうしたの。三か月でイギリス留学するんじゃなかったの？」

意地悪な質問であったが、あえて聞いた。

「うん、そのつもりだったんだけど、おカネたまんなくて……」

そんな馬鹿な。一人あたり一万数千円から二万円のサービス料をフトコロにし、一日四～五人の客をこなせば、悪くったって一日七～八万円は稼げるはずである。

一か月、彼女たちの稼働日数を一八日として一か月に一二〇～一三〇万円の金は稼げる計算になる。

にもかかわらず、彼女は、おカネがたまらないと嘆くのである。

何故なのだろうか？　しかし、その理由は彼女の口からは聞けなかった。が、何か奥歯にモノがはさまった感じで、こう語るのである。

「こうなったら仕方がないわ。もうしばらく働くわ」

心なしか、悲し気だった。

一体どうしたというのだろう。トルコ嬢という仕事を選び、そこで働いたカネで自分の夢を実現させるのだと、あれほどキッパリと語っていた彼女が、半年にしてこの変化。

いささか気になって、知り合いを通じてその裏事情をアレコレ調べてみた。

その結果、何のことはない。彼女は、その店の店長の女になっていたのである。

僕に、この話をしてくれたA子は、言った。

「トルコ風呂の店長が、みんなそうじゃないわよ。あの店の店長は女グセが悪いと評判で、わたしも、そのことは注意するようにって、よく言っておいたんだけどね」

好きでもない男に肌を与え、辛くないはずはない。しかし、そうした辛さ、悲しさにつけ込む男がいなければ、彼女たちの何人か、いや何十人、何百人かは、トルコ嬢として稼いだカネで、彼女たちの夢を実現させていただろう。もちろん前述した宮崎美子似のB子も、いま頃イギリスの地に立っていたことであろう。

だが現実は、そんなに甘くはない。

一人の女を食い物にする男がいて、女そのものを、また女の夢を食いちぎってしまっているのである。

ひとたび夢を食いちぎられた女は、あとは惰性で生きていくしか道はない。たぶん、おそらく、きっと、B子がイギリスの地に立つということは、天変地異でも起こらない限り絶望とみる。

店長に惚れカネを貢ぎ、そしていつかは捨てられる。だが、女にそのことがわからない。悲しい性といえばそれまでだが、こうしてピカピカの宮崎美子似の彼女は、何年か先慣れた手つきで男のイチモツをプロフェッショナルに扱う女になっていくのである。

悪貨が良貨を駆逐するのことわざではないが、アンダーグラウンドのトルコ風呂の世界で上昇志向を持って仕事をするということは並大抵のことではないのである。

多くのトルコ風呂で働く女を見、そして肌を合わせてみて、人間がいかに弱く、そして悲しい存在であるかがよくわかった。

彼女たちが悪いのではない。彼女たちを、そうした方向へ追いやっていく男たちが悪いのである。

件の店長の話を聞きながら、僕は人間社会の残酷さについて考えていた。

もし彼女が、例えば客の中に素晴らしい男を見出していたとしたら、店長の甘い囁きのウソを見抜けていたのではなかったのか？

客が、どうせトルコ嬢という態度で接するが故に、彼女自身の心の痛みが、辛さが、どうしようもない店長であったとしても、そのやさしさに惹かれていったのであろう。トルコ風呂という悪所は、たしかに男の欲望の発散の場所である。だが、相手は血が通った人間である。欲望だけの発散の場と考えるのはあまりにもむごいのではないか。心を持ったトルコ嬢に、たとえひと時とはいえども、心の交流を求める姿勢こそが、大切であると思うのだが、どうだろう。

かつて、何千、何万人ものトルコ嬢が、たとえばそれが、どんなに悪い男であったとしても、愛する男のためという、はかない夢を持ってカラダを売った。だが、しかし、女のはかないその夢すら成就させ得ぬトルコ風呂とは、もしかしたら、女の夢のみを喰う、とんでもない悪所なのではなかろうか。そんなことを考える今日この頃である。

社会の必要悪として、その存在を余儀なくされているトルコ風呂、及びトルコ嬢ではあるが、であるが故に、せめて彼女たちの、はかない夢がダイナミックに躍動する悪所であって欲しい。そう思うのは、僕だけなのだろうか。

（昭和56年2月15日発行「マイ・ハスラー2月増刊　ザ・トルコ嬢81」

線後風俗の開花と終焉

第1章

昭和四四年夏、大学二年生になった童貞少年の僕は友人のすすめにのって女を買いに大阪の飛田へ足を運んだ。

ジャンジャン横町を抜けると、目の前に広がる広～い道。そして、その道の左右にノレンがかかかった間口の広い家また家。

「ここや、ここや。おい、どこへ入る?」

友人の声がいまも耳に残っている。僕らが入ったのは、たしか〝玉椿〟とかいうノレンのかかった店で、僕についたのは〝玉緒〟さんだった。

これが僕が性風俗と関わった最初である。

二階へ上がると座布団と卓袱台。ポチャポチャとした玉緒さんがビールとかわきモノをもってやって来た。ビールを一口飲んだあたりで玉緒さんは卓袱台を四畳半一間の部屋のスミに押しやり、座布団二つを横に並べて、スカートをまくった。

「お兄ちゃん、はよして」

吉行淳之介の〝娼婦文学〟を読み耽り、娼婦に対し持っていた僕の淡い幻想はこの言葉ではかなく散った。

〝売防法〟施行から一二年がたち、昔ながらの遊郭へ女を買いに出かけた僕の前に現われた女は、決して〝娼婦文学〟に出てくる娼婦ではなかった。

〝一発屋〟と呼ばれる座布団売春をする女。僕の前に現われた〝玉緒さん〟は、そういう女のひとりにすぎなかったのだ。

愕然とした僕はショックを受け、立つものも立たず、童貞のまま飛田の街をあとにした。

その帰り、これまた友人のすすめるままに京都駅に下車した僕は「ＤＸ東寺」というストリップ劇場に足を向けた。劇場内にはゴンドラが二台設置され、舞台で、そしてゴンドラで、髪を金髪に染めた女たちが、三どもえ、四つどもえとなって華々しくレスビアンを繰り広げていた。

凄い！

もちろん、そこには情緒というものなどありはしなかったが、これでもか、これでもかと見せまくる見世物的なストリップの迫力は、当時の僕を痛く刺激した。

「これが僕らの時代のセックス文化だ」

僕はスクランブルする〝金髪レスビアン〟を見ながらそんなことを思っていた。

それからというもの、僕は千葉、神奈川のストリップ劇場へ通いづめ、パッパッと開く女の股間に熱い眼差しを送りつづけた。

同時に、僕は当時の学生時代の学生がこよなく愛したピンク映画館へも足繁く通い、僕らの時代の性風俗がスルものでなく、ミルものだということを確信し始めていた。

そんな僕の耳に届いてきたのが、一条さゆりの名前だった。

ローソクベッドショーをやりながら濡れるストリッパー。見るだけの僕らの時代にふさわしい濡れるナマ身は僕らにロマンを与え、熱狂させた。

ところが四七年春、引退興行中に一条さゆりは逮捕されてしまう。

七〇年安保闘争が終わったばかり。僕らの心にまだ〝反権力〟の火はかすかに燃えていた。そんな時代の逮捕だっただけに、僕らは股間にまで権力が入り込むさまに激しく憤り、より一層、一条さゆりに熱い拍手を送ったのである。

娼婦が〝一発屋〟の女に変わり、情緒も何もなくなった赤線廃止後、つまり〝線後〟に現われた初のスター、それが一条さゆりであった。

僕がこうして、見る性風俗にうつつをぬかしていた頃、もうひとつの性風俗現場、トルコ風呂の世界が大きな転換期を迎えているという情報が耳に入ってきた。とはいっても当時はいまのように風俗マスコミなどない時代だ。公然とはいえ非合法の売春であるトルコ風呂の情報は好き者たちの間で深く静かに口コミで伝わっているだけだったが、それによると、千葉・栄町、川崎・堀之内、そして滋賀・雄琴のトルコ風呂街には泡踊りプレイがあり、そこへ行けば必ずセックスができる、というのだ。たしか、昭和四八年の頃であった。しかし、その頃まだ〝一発屋〟での傷が癒えていなかった僕は、その噂を聞き流していた。

年が明け、昭和四九年になると、今度は吉原のトルコ風呂街の話がひんぱんに僕の耳に届くようになってきた。その年、ある女との別れがあった僕は、ほとんど「〝一発屋〟でもいいや」という気持ちで吉原へフラリと足を向けた。

いまのようにネオンギンギンではなく、まだうらぶれた情緒を残す吉原トルコ風呂街だった。僕はグルリと一周し「舞子」という店に上がった。ついた子は幸子と名乗る、優しい女だった。僕の話に耳をかたむけ、失恋の傷を親身になって癒してくれた。このとき、僕の中の〝娼婦神話〟が再びよみがえった。

第2章

昭和五〇年、大学を卒業した僕は、雑誌のフリー記者となった。

政治に強いわけでも。経済に詳しいわけでもない僕の取材範囲は、おのずとネオン街のネタにたよるものになった。

ネタを拾いにフラリフラリと夜の盛り場に出ると、ピンクサロンが台頭し、ギンギンの赤い灯、青い灯があちこちにともっている。面白そうだ、どんな女がこういうところで働いているのだろう、そう思っていたところへ、週刊大衆からピンクサロン探訪の仕事が飛び込んできた。

昭和五一年暮れのことである。精液とアルコールの匂いの立ち込める狭い店内では「アーソレソレ、チ〇コマ〇コ、チ〇コマ〇コ！」けたたましい声がマイクから流れ、女たちはほとんど素っ裸でまとわりつく。ジャーナリストになろうとフリー記者になったはいいが、得意分野もなく先行きのない僕に、そのわけのわからない喧騒は実に心地よかった。加えてホステスと話してみると、離婚した女だったり、どうしようもない男を食わすためにイヤイヤ働いている女だったり……その言葉には人生があった。

ジャーナリストとしては落ちこぼれてしまった僕に、落ちこぼれ人生を生きる女たちの話は妙にしっくりときた。そして、いつしか僕はピンクサロン取材に精を出し始めた。

当時「ベニス」「ハーレム」などというチェーン店が都内で急速にその軒数を伸ばしていた。僕は三日とあけず、チ○コマ○コの喧騒のピンクサロンへ通いつめ、それらをせっせと記事にした。

当時、風俗記者などというものは存在せず、風俗ルポは、普通の記者が気まぐれに書いていた時代である。そのさなかにソレばかりをやり始めた僕を、記者仲間はドスケベな馬鹿と思ったようだ。

「いいさ、どうせドスケベなんだ、俺は……」

自嘲しながら僕は、それでも「アーソレソレ、チ○コマ○コ」の世界にのめり込んでいった。

ひとつの事象を究める作業は、それがどんなものであっても味わい深い。

連日のピンクサロン取材を通じて、その世界で働く男たちとも親しくなった。彼らもまた、何らかの意味で人生に落ちこぼれた人間だった。

こうした落ちこぼれた人々の生きざまは、普通のジャーナリストになりそこねた僕しか書けない。

そんなふうに思い込み、彼ら、彼女らのフトコロに飛び込もうと、僕は必死にもがいた。彼ら、彼女らの本当の声を聞くためには、彼ら、彼女らにメリットのあることをしなければならない。そうでなければ取り合ってくれない。いったい、彼ら彼女らは僕に何を求めているのだろうか。ピンクサロンの社長、店長、ホステスと話し込むうちに、僕はある企画を思いついた。

ネオン街のチ〇コマ〇コの世界で性風俗だけの情報ページがあれば、彼ら、彼女らに対し、僕の存在理由を示すことができ、もっと親身に付き合ってもらえるのではないか。

こうして誕生したのが、週刊大衆、昭和五三年一一月一六日号からスタートした〝ピンク特報部〟である。

当時の性風俗を見渡すと、ピンクサロンが全盛で、この世界だけは取材大歓迎だったが、ストリップ、トルコ風呂は、相変わらずマスコミに対し、その門戸を固く閉ざしていた。

しかし、だからといって性風俗情報に、多くのファンを持つストリップ、トルコ風呂を入れないわけにはいかない。

そうだ、取材ができなければ、潜入してあるがままを記事にすればいいのだ。

こんな論理で、僕らは、ピンクサロン、ストリップ、トルコ風呂を〝ピンク特報部〟の三本の柱にした。

当然、ストリップ、トルコ風呂の取材は骨が折れた。ピンクサロンは辛うじて、合法ラインすれすれで営業に当たっていたが、ストリップ、トルコ風呂は非合法の部分が多すぎた。

そして、そこで働く女たちも、自分の仕事が非合法であり、人に誇れるものではないということもよく知っていた。

従って、いまのように顔写真を雑誌に載せるなどということは当時は思いもつかなかった。こうなりゃ潜入取材しか道はない。僕は足繁くストリップ劇場へ通い、せっせとトルコ風呂へ足を運び、その実態をレポートした。

そうした体験取材を通じて、トルコ嬢と親しくなると、彼女たちもまたピンクサロン嬢同様に人生の落ちこぼれだということがわかってきた。

中には想像もできない凄い体験を経て、トルコ風呂の世界へ流れ着いた女も何人かいた。彼女たちの姿をあるがままに書きたい。ところが、その世界はあまりにも暗すぎる。すべてを書けば、そんな女と誰も遊びたくなくなることは目に見えている。

僕は、彼女たちの世界をオブラートで包み、明るい面だけを誇張して書き始めた。それ以外の書く方法を僕は知らなかった。

昭和五五年一〇月、週刊大衆にトルコ嬢の写真が大量に掲載される。とはいってもこの写真はバックヌードで、顔は似顔絵である。

まだまだトルコ嬢は、いまのように〝オモテ向きの明るいカオ〟を持っていなかった。

一方、この頃、自動販売機で売られるポルノ雑誌がマン延し、ブームを巻き起こしていた。

素人同然の女が、アソコのくっきり見えるスケパン姿でニッコリする。

プロフェッショナルの女が後ろ向きでしか裸にならず、素人が真正面からハダカになってニッコリ顔の図は、読者に奇異な感じを与えた。

記事の中では、前述したように、プロの女たちを素人の子と同じように明るく語っているのに、写真の顔は後ろ向き。

このとき、オブラートに包んで書いたトルコ嬢たちの語りが、事実のようにひとり歩きし始めていることに僕は気が付いた。

読者は明るいトルコ嬢たちの顔写真入りの記事を求め始めていたのである。

それに呼応して、トルコ嬢の中に、客が呼べて、おカネになるのなら、顔写真を出してもいいという子が現れてくる。

彼女たちの多くは、カネのために、自販機本でニッコリ股間を広げるのをいとわない素人の子同様、庶民宰相田中角栄の栄華のときに物心がついた若い子たちだった。

庶民宰相の〝拝金思想〟は宰相がロッキード疑獄で失脚して数年後、若いギャルの心の中で、しっかりと花開いていた。

五六年になると、ノーパン喫茶のブームがやってくる。

ここに至って〝拝金思想〟の元で育った若いギャルは、おカネのためなら何をやってもいいのだと、平気でノーパン嬢のアルバイトをし始める。

プロフェッショナルなトルコ嬢が顔写真入りで明るく自己PRし、素人の女の子がアッケラカンとノーパン喫茶で働く。これを契機に、性風俗は一気にマン開の時を迎える。

もはや僕が、いくら性風俗の世界は暗いのだと心の中で叫んでも、それはくやしいかな、誰にも通じない世の中になっていた。

え〜い、ままよ、時の流れに身をまかせよう。

僕は、このとき、自らをオブラートに包んだ世界の住人にするしか道がないことを知った。

丁度その頃、テレビ朝日『トゥナイト』に山本晋也監督が性風俗レポーターとして登場し「ほとんどビョーキ」の流行語でもって、狂い咲く性風俗を切り取り、見事に世間に見せ始めていた。

雑誌以上に、テレビは性風俗に明るさを求める媒体である。いつしかオブラートで包んだはずの明るいウソの世界が本当の姿と映り始めた。

ネオン街はノーパン喫茶ブームのあと、次にのぞき劇場のブームがやってきて、次から次へと新しいセックス産業が生まれてくる。

そして、その頃、マンショントルコが登場し、性風俗に従事するのは、何も暗い過去を背負った女だけではなく、素人の方がずっと面白いという印象を与える。

こうした性風俗の流れに、僕を風俗記者として育ててくれたピンクサロンは乗り遅れる。それも道理。ハタチそこそこのピチピチしたギャルが、カネのためにスッポンポンになり、なんだってする時代に、生活に疲れた離婚妻は遊びの対象としてはふさわしくないのである。

一方、トルコ風呂はといえば、性風俗業種の広がりに業界そのものが危機感をもって、僕ら風俗記者にSOSを送り始めてきた。

ついでながら記せば、僕がピンクサロンへ取材のために連日通い始めた頃、

「あいつ、ドスケベで馬鹿じゃないの」

と、カゲ口をたたいていた記者仲間の中から、同じ馬鹿が現われて、風俗記者が世にはびこりだした。

そして、ついには、何を勘違いしたのか、女性でありながらカラダを売る女性を取材し、その痛みを記事にするのではなく、ガイドふう記事を書く者まで登場するのである。

馬鹿だ阿呆だといわれても男の風俗記者は、遊ぶ側に立って紹介記事を書くというポリシーが建て前として成立する。

僕はそうした建て前すら成り立たない女性風俗記者の誕生を知って、開いた口がふさがらなかった。

性風俗そのものの「ほとんどビョーキ」化状況の中で、ついに、それを扱うマスコミも「ほとんどビョーキ」の状況を呈し始めたのである。

もちろん、僕だってもう「ほとんどビョーキ」でスッポンポンになってカメラの前に裸を曝し、トルコ風呂を風呂レスリングにたとえ、風呂レスラー〝燃える男根、アントニオ伊藤〟などといって、大いに性風俗で遊びまくったのであるから、何をか言わんやであるが……。

ふと気が付くと、僕は性風俗で働く女を〝娼婦〟ではなく〝商婦〟として扱っていた。

ノーパン喫茶、のぞき劇場、マントルとつづいた性風俗業界は、その後〝ホテルDEトルコ〟のホテトルを生み、その変型として、喫茶店、パブで女の子を選び、気に入った子がいたら、その女の子をホテルへエスコートできるデート喫茶、デートパブを生みだしていく。こうしたところで働く女性の多くは、素人である。

前述したように、この〝ホテ・マン・デ〟（ホテトル、マントル、デート喫茶）の素人攻勢に、トルコ風呂業界も積極的に女の子の顔写真をマスコミに登場させることで反撃にでた。

昭和五六年あたりからのトルコ嬢の顔写真入りの登場は、こうした背景があってのことである。

性風俗業界がプロフェッショナルVS素人の激しいツバぜり合いをつづけていた五七年暮れ、僕は、その年の仕事納めにしようと、あるマイナー雑誌に出ていたかわいい女の子に取材を申し込む。

のちに性風俗業界で一世を風びする、愛人バンク「夕ぐれ族」の主宰者、当時、契約愛人のバンケット機関を主宰する筒見待子女史その人である。

彼女の話を聞きながら、昭和五二年から足掛け六年、ピンクサロンを皮切りに性風俗業界をカラダを張って取材しつづけてきた僕は、目からウロコの落ちる思いに駆られた。

それまでの性風俗は、業種はどうあれ、ひとりの女性が不特定多数の男性を相手にするという形態だけは変わらなかった。

ところが筒見女史が語る〝愛人バンク〟のシステムは、あくまでも女1対男1。これは性風俗の革命である。と、僕は直感した。

しかし、そんなことが本当に可能なのだろうか。年が明け、僕は半信半疑で当時銀座にあった「夕ぐれ族」の事務所へ足を運んで改めて驚かされる。

そこには全国から送られてきた愛人志願の女性の顔写真添付のプロフィールカードがうず高く積まれていたのである。

OL、女子大生などなど、彼女らは、正真正銘の、どこにでもいる〝素人〟サンであった。そんな女たちが、月々いくばくかのお小遣いでもって〝愛のないセックス〟をしてもかまわないと申し込んできているのだ。

うず高く積まれたプロフィールカードを前にして筒見女史は言った。

「いまの若い子って、いいマンションに住みたいんです。共同トイレのアパート住まいはしたくないんです」

豊かになりすぎた日本。その中で育った若い女たちは、豊かな暮らしをするために、かつて操といわれ、命より大切と教え込まれたセックスをいとも簡単に投げ出してしまう時代がやってきたのだ。

僕は筒見女史に頼み込み、愛人志願の何人かの女性に会った。

僕が出会った女の子は、全員、街ですれ違えば、ごくごく普通のＯＬだろうし、女子大生であろう子であった。

彼女たちは、カラダをカネにするのに理屈はいらない。そう自ら主張し、そして、カラダを投げ出して、その代償に豊かな暮らしを手に入れようとし始めていた。

東北の寒村に生まれ、親、兄弟の生活を楽にするために、苦界に身を投じ、売春をしたかつての〝赤線〟の女たちとは、全く違う身の売り方をする女が〝売防法〟から四半世紀を経て、豊かな国〝日本〟に誕生してきたのである。

これを女性側からいえば、男と同じように女が〝遊ぶ〟時代になったのだというのかもしれない。

当時、筒見女史は、

「愛人バンクは売春ではない」

と、言いつづけた。

正直に記せば愛人バンクの創成期から全盛期、僕もこのシステムは決して〝売春〟ではないと思っていた時期がある。しかし、その後、アレコレ考えた結果、セックスに金銭が絡めば、やはり〝売春〟であるという結論に達した。

ではどうして、こうした〝売春〟が昭和五八年に登場したのだろう。

五六年以降のセックス産業に登場した若いギャルと同じように庶民宰相田中角栄の〝拝金主義〟の浸透と斬ってしまえば、答えは早い。もちろん、それもひとつの要素ではある。と、ともに、僕は近頃、次のように、愛人バンクに女たちが集まった理由を考え始めている。

昭和三三年の〝売防法〟で日本から女の〝生き地獄〟赤線が消えた。その結果、女たちに〝地獄〟を教えようにも、そのスベがなくなった。

だから、女たちは真にカラダを売る〝地獄〟を実感できないでいる。

そうした中で、目先のカネ、目先の性の欲望だけで、いとも簡単にカラダを売る。

もし、いま、日本に赤線があったとしたら、女たちは身を売ることの〝地獄〟を、もっと強烈に身をもって理解したことだろう。

そうだとすれば、いいマンションに住みたい。ただそれだけの理由で、女たちは、決してカラダなど売りはしなかったのではないか。

第5章

〝売防法〟が施行されるまで、日本の女性には、カラダを売ることに、恥ずかしいという最低限の性の倫理があった。

だからこそ、なんらかののっぴきならない理由がない限り、女はカラダを売る職業に就くことはなかったのだ。

ところが、女性を守るために作られた〝売防法〟は、女性から、そうした性の倫理を奪ってしまった。

結果、〝売防法〟から四半世紀後の日本にはセックス産業の花が狂ったように咲いてしまう。

これを男の側から振り返って考えれば、七〇年安保の学生のエネルギーを鎮圧するために、お上《かみ》は性的な遊びのタガを緩め、ピンクサロンとトルコ風呂を黙認する。

そうこうしているうちに、ロッキード疑獄が起きる。

お上は、緩めたタガを引き締めたのでは、ロッキード疑獄にマスコミの目がもっと強烈に向かないとも限らない。いいや、いいやと、タガを緩めたままにしていると、庶民は、アレヨ、アレヨという間に、性的エネルギーを開放してしまった。

このまま放置していたのでは、自分たちの手におえない事態がやってこないとも限らない。そう思ったのかお上はようやく六〇年二月一三日、〝新風営法〟を作って、緩んだタガを引き締めにかかった。

しかし、一度緩んだタガはそう簡単に元へは戻らない。

〝新風営法〟施行と時を同じくして、テレフォンクラブが誕生し、素人女性が、電話でもって男をひっかけて遊ぶ新しい性風俗がマン延し始める。

昭和六〇年六月。僕は池袋のテレフォンクラブにいた。

〝リーン、リーン〟

受話器を取ると、電車の音がする。

「あのう、ここへ電話すれば、男の人が遊んでくれるって友だちから聞いたんだけど、ホント？」

池袋駅から女は電話をかけていた。

「ハイ、そうだけど、おたく、いくつ？」

「三三歳の人妻なんだけど、まだ一回も浮気したことないの。この番号、子供が通う小学校のＰＴＡの役員さんから聞いたんだけど、いま、おヒマですか？」

もちろん僕は、電話口の人妻の誘いに乗ったことはいうまでもない。

地味な人妻だったが、一度も浮気をしたことがない自分が世間から取り残されていると
いう思いで、このテレフォンクラブへ電話をしたのだと言った。

僕は、それが当然であるかのように、人妻とカラダを重ねた。

昭和五六年、山本晋也監督がノーパン喫茶をまわりながら発した「ほとんどビョーキ」

の日本のネオン街のセックス事情は、五年後には、ごく普通の人妻の心にも浸透していた。

〝赤線〟という地獄を戦後生まれの、いまの若い人妻たちはもちろん知らない。

遊ぶ男たちにとって、もはや娼婦など必要のない時代。昭和六〇年以降の日本の性風俗
は、そこまできてしまった。

いくら、お上が〝新風営法〟というタガをはめようにも、ここまでマン延した性風俗は
ちょっと後もどりはむずかしいのではないか。僕はそう思い始めていた。

吉行淳之介の〝娼婦文学〟から〝娼婦〟の持っている淡く切ない情緒にあこがれ、気が
付くと風俗記者を一〇年やっていた僕。

それはそれで、やたら楽しく、アホみたいに快楽だらけではあった。

しかし僕のこの一〇年は、一〇年前、ピンクサロンホステスと話して真剣に考え、その

後何人ものトルコ嬢と話してしみじみ思った〝落ちこぼれた女たち〟の声を反故にしつづけてきた〝ムダに明るい〟一〇年でもあった。

そんな僕、そして僕ら風俗記者を含めた性風俗関係者にとって、六二年一月一七日、神戸でエイズ患者発生、そして死亡のニュースは、衝撃であった。

明るい性風俗が、一瞬にして、真っ暗闇の世界へ放り込まれたのである。明るさを強調したあまり、その暗闇はあまりにも暗い。

こうして性風俗はいま、新しい時代を迎えた。この暗闇をどう記すのか、いまこそ僕の正念場だ。

（昭和62年6月29日発行　双葉社ＭＯＯＫ97「線後を彩った女たち」その30年史　総括レポート）

帰宅拒否症のオトーさんの行くところ

喪失感が極彩色の世界へ誘った

一五年前、大学を七年かかって、ようやく卒業した僕は、どこにも就職できず、友人の紹介で某女性誌のデータマンに収まった。

二年ばかり、スーパーの缶詰の値段を調べたり、デパートのバーゲンセールの情報を集める生活がつづいただろうか。

「オレは一体何をしているのだろう?」

曲がりなりにも七〇年の学園闘争の中に身を置いた僕は、そんな生活がいや応もなく日常的な秩序の中に組み入れられていくように感じられ苛立っていた。

そんなとき、某男性週刊誌から、当時盛り場で隆盛を極めていたピンクサロン突撃の仕事が舞い込んだ。

「ア〜、ソレソレー」

BGMのボリュームを一杯に上げた店内に、ヒワイな言葉が流れ、ボックス席に座った僕の目の前で、ほとんど裸の女が腰を振る。彼女たちと話してみると、さっき出会ったばかりだというのに、屈託なく笑い、そして手を股間へ導き入れる。僕は欲望が乱舞するその世界に激しいカルチャーショックを受けた。

同時に、たったいま出会ったばかりの男にカラダをゆだねる女たちの生きざまが僕の胸を打った。

この女たちは一体何者なんだ。

こうして、その日から僕は缶詰の値段を調べる生活をやめ、風俗ライターとなってこの女たちの何たるかを探るために都会の夜を極彩色に彩る盛り場の路地裏に迷い込んだ。

女たちは、そのときの僕がそうであったように、失恋、離婚などなど何らかの意味で都会の生活に挫折し、落ちこぼれ、そして苛立っていた。

彼女たちは、その苛立ちを、セックスを、意味もなく乱舞させることによって解消させているように見えた。

「そうだ、オレもセックスを乱舞させよう」

僕は、彼女たちに触発され、それから数年、ピンクサロン、ソープランド（その頃はトルコ風呂といわれていた）で、カラダを張った突撃取材を繰り広げた。

初めてピンクサロンに入ってから十数年が経ち、ハタと気づくと僕は盛り場の迷子になっている自分を発見しガク然とする。

昭和三三年〝売防法〟が施行されるまで、都市の悪所は悪所として明確に区切られていた。

たとえば東京でいえば吉原。大阪でいえば飛田。ついでに記せば、この二つの街の両隣には寄せ場の山谷、釜ヶ崎と、何故か上野動物園、天王寺動物園が存在する。

これはかつての都市づくりにあって、下半身の欲望処理ゾーンが都市の異物、寄せ場、動物園と同じように臭い物として扱われていたことを如実に示している。

ところが〝売防法〟の施行によって、この下半身の欲望ゾーン、悪所はいつしか街の中へ拡散し始める。

僕が、ピンクサロン突撃をキッカケに風俗ライターの道を歩み始めた昭和五〇年代の初頭は、まさにこの拡散期の真っ只中だった。街にはラブホテルが乱立し、スワップ雑誌が売れていた。そしてそれから数年後、ノーパン喫茶の大ブームが呼び水となって、欲望ゾーンは都市の路地裏までマン延する。そのアチコチを訪ねるうちに僕は盛り場迷子になったのだ。

一九九〇年、初夏。夕刊紙の三行広告を開くと、僕のような盛り場迷子をさらに幻惑させる奇妙なフレーズが数限りなく躍っている。

◎本格派幼児プレイ

◎ナースプレイ専門店

◎女医の診察（浣腸Ａ責め導尿他）

◎浣腸・アナル・幼児他・内診台有り）

◎女装ニューハーフ

場所も鶯谷、大久保、五反田、六本木と都内全域にわたっている。

悪所の拡散は、同時に悪所遊びの概念の拡散をも引き起こし、性に憑かれた人々は二重三重の性の迷子になっていま、盛り場を徘徊している。

ピンクサロンから始まって、ソープ、ヘルス、ホテトル、ファッション・ヘルスなど、ありとあらゆるフーゾク遊びにチャレンジし、盛り場の路地裏を迷子と化してさまよってきた僕ではあるが、しかし、幼児プレイだの、ナースプレイだの、はたまたニューハーフとのプレイだのという悪所遊びの迷路深くに存在する遊びにチャレンジする勇気まではありはしなかった。

いくら、盛り場迷子とはいえ、僕などは知らない街の路地裏でただただ佇んでいるかわいい迷子に過ぎなかった。

入り組んだ迷路に迷い込んだ本当の本物の迷子たち。彼らは迷路巡りをどんなふうに楽しんでいるのだろうか？

オムツをして甘える密室の部・課長たち

今回、このルポを書くに当たって、僕は勇気をもって、路地裏からその迷路へと一歩足を踏み入れてみた。

まず最初に足を踏み入れたのが〝赤ちゃんプレイ〟とも〝オムツプレイ〟ともいわれる〝幼児プレイ〟だ。

このプレイは、都内のソコココに事務所を置く〝ＳＭクラブ〟の一つのプレイメニューとして組み込まれている。

僕が出向いた先は五反田に事務所を置く「Ｍ」というＳＭクラブだった。

しかし、この遊び方を聞いたとき、ボクはやはり、二の足を踏んでしまった。

このプレイを得意とするバスト九〇センチ、母のような巨大な乳房の持ち主のＫ子さんは言った。

「ホテルのベットでお客さんは本当に赤ちゃんになって、アブアブと赤ちゃん語を使い、あおむけに横たわるの。わたしはもちろん、お母さんの役。それで両足を持ち上げ、お尻ペンペンしたりしながら、おむつを取り換えてあげるの。この間、お客さんはオトナの男じゃないわ。あくまでも赤ちゃんなの」

　そして、ガラガラを使ってあやしたあと「ハイ、オッパイの時間でしゅよ～」と、K子さんが胸を差し出すと、この客たちは、そのオッパイにしゃぶりつく。

　K子さんの話を聞きながら僕は、自分自身が迷路の迷子でないことを実感する。

「皆さんプレイを終えたあとは、いらっしゃったときはストレスいっぱいためた顔だったのに、スキッとして、帰られます」

　K子さんはそれが当然といった顔で言う。

「その人たち、妻帯者なんですかね？」

「ええ、そうだと思いますよ。こういう遊びをされるお客さんって、どこかの会社の部・課長クラスって感じの立派な紳士ばかりですもの」

　K子さんは、何人かの客の顔を思い出しているのだろうか、言葉と言葉のあいだに間合いを取って語った。

「そのほかにも共通するところがあるとしたら、子どもの頃、長く夜尿症だったという人が多いみたいね」

「夜尿症？」

「そう。小学校の高学年まで夜尿症だったという話、こうしたプレイをする人からよく聞くわ」

なるほど、その幼児体験が、大人になっても忘れられず、オムツプレイでストレスを解消させているというわけか。僕は幸か不幸か子どもの頃、夜尿症ではなかった。だからこそ、この迷路に足を踏み込み、「アブアブ」と赤ちゃん語を使うアブノーマルな世界を目の前にしながら、どうしてもオムツをつけることはできなかった。

ナースプレイなら……。子どもの頃、白衣の看護婦姿に淡い憧れを抱いたことのある僕は次なるプレイ、ナースプレイに挑んでみようと思った。

このプレイも〝SMクラブ〟の一つのメニューとして組み込まれている。

僕が訪ねたのは池袋にある「Q」というSMクラブだった。

しかし。ここで出会った元本物の看護婦だったというA子さんの話を聞いて、僕はこのナースプレイといわれるものが、僕が考えていたようなものではないことを思い知らされる。

「ナースプレイの極めつけは、尿道にカテーテルを通すプレイじゃないかしら」

A子さんはこともなげに言った。

「カテーテルって？」

「尿道に通るぐらいの細い管」

A子さんのお言葉を聞きながら、僕は背筋の寒い思いにかられていた。看護婦姿の女の子に男性自身を触られ、それで興奮するぐらいなら僕にもできる。しかし、いくら何でも尿道にたとえ細いとはいえ管を通すなんてことはとてもできることではない。

僕は逃げるように、このSMクラブをあとにした。

「ナースプレイの好きな人は、このカテーテルのプレイでヒーヒー言って歓ぶのよ」

A子さんの言葉が耳に残る。

大都会の悪所遊び、性の迷路に迷い込んだ迷子たちの快楽追及は、ただの盛り場迷子に過ぎない僕の想像を遥かに超えていた。

ニューハーフはまさに両性具有だ

では、ニューハーフはどうなのだろうか？

これまで女にしか興味のなかった僕は，どんなにキレイなニューハーフでも、全く興味がなかった。

いくらキレイとはいえ男であるギャル（？）と遊んで面白いはずがないと、僕は信じて疑わない男だったからだ。

ところが、今回の取材で、これまで僕が考えつきもしなかった、ニューハーフとの遊びを楽しんでいる男たちがいることを教えられる。

鶯谷にある、この道の老舗「N」で出会った見るからに女って感じのS子（？）は言った。

「こういうお店へ来る人の中には、わたしのように女に見える子が勃起するのを見て、凄く喜ぶ人が結構いるのよ」

彼らは、ニューハーフクラブのメインプレイであるアヌスプレイもフェラチオも求めず、ただただ棒つきギャル（？）の棒の立つのを楽しむために、こうした店で遊んでいるというのだ。

さらなる刺激を求め求めてたどりついたところが、女に見える棒つきギャル（？）遊びというわけか。やはりこうした奇妙なプレイにうつつを抜かす男たちもまた悪所遊びの迷路に迷い込んだ迷子のオトナに違いない。でも、待てよ。S子の、いかにも女っぽい身のこなしを見ていると、一緒に遊んでみたいという衝動がたしかに僕の中でも起こり始めていた。

「すればやみつきになるわ」

S子はつぶやいた。

僕はグ～ッとこの衝動を抑え、それでもなお、うしろ髪を引かれる思いでこの店をあとにした。

いま、普通の女性たちが快楽を求めて

ことほど左様に、昭和三十三年〝売防法〟の施行から三十数年経ったいま、かつての悪所は、さまざまにカタチを変え、都市のスミズミまでマン延し、人々を惑わせつづけている。

そのせいなのだろう。齢四〇。不惑になった僕はいまも惑い惑って盛り場をさ迷い歩く。そんな盛り場迷子の僕をいま、惑わすのは、十数年前ボクの苛立つ気持を安らげてくれたピンクサロンでもなければ、ソープランド嬢でもない。ごくごく普通の素人の女たちだ。

実は〝売防法〟の施行によって盛り場迷子、性の迷子になったのは男ばかりではなかっ

たのだ。女たちもまた惑い、迷いだしていた。主婦売春、女子高生売春、そして不倫ブームなどなどの事例がそのことをよく示している。

そして〝新風営法〟が施行された昭和六〇年二月を境に、盛り場に〝テレクラ〟と呼ばれるテレフォンクラブが乱立する。

これは、素人女性からの電話をテレクラの個室で男たちが待ち、電話でナンパし、待ち合わせ、出会ったばかりの男と女が情を交すというシステムである。

このシステムはそれまでの盛り場の常識を一八〇度転換させて余りある画期的なものだった。

僕もここで出会った女たちの何人、いや何十人もとカラダを交えた。

紛《まご》うことなく、普通の素人女性の彼女らは，貪欲にただひたすらセックスを僕に求めた。やや下火になったとはいえ、このテレクラ、いまも盛り場で、盛り場迷子の僕たちに〝オイデオイデ〟と手招きする。

かつての悪所は、いま、都市のどこにだってカンタンに見いだせる。

しかし、その悪所は十数年前、僕が迷い込んだ当時の悪所ともハッキリと、その様相を異にしている。

もっと前、悪所が悪所として区切られていた時代。男たちは迷子になることなく、悪所通いをし、そこで欲望の処理をした。女たちは、悪所へ近づくことをタブーとし、何らかの事情がない限り、そこへ近づこうとはしなかった。

ところが〝売防法〟施行以降、その悪所は都市に点としてマン延し、いま、明らかに悪所遊びの概念をも変えてしまった。

都市の大人たちは、男も女ももはや、不特定多数、出会いガシラにSEXをすることを何ら不思議なことと思わなくなってしまったようだ。

それは、十数年前、僕が取材のために飛び込んだ「ア〜、ソレソレー」の、あのピンクサロンの暗い店内が都市のアチコチで日常化したということでもある。

ピンクサロンへ初めて飛び込み、缶詰の値段を調べるいかにも日常的な世界から逃れて、僕がその非日常的な世界にのめり込み、いつしか盛り場迷子になってしまったように、おそらく、今後、都市で生活する者たちの中に、奇妙に楽しく、胸躍らせるこの〝ファッショナブルな悪所〟の非日常世界に憧れ、そして、気が付けば、盛り場迷子となる者たちはその数を増やしつづけるだろう。

ファッショナブルな故に、それが〝悪所〟と気づかぬままに……。


（1990年9月3日発行「東京人」9月号　通巻第36号）

新宿・歌舞伎町―世界の性都はこうして作られた

イメクラの台頭に見る風俗店の秘密化

さまざまな風俗現場に出向き、身体を張って、その一部始終をルポする淫筆業が生業《なりわい》の僕は、平成七年初頭のある日、ＪＲ山手線巣鴨駅北口ロータリー裏手の、とあるマンションの一室を訪ねた。

アイマスクをつけた裸の僕の隣に、同じようにアイマスクをした全裸の女性が寄り添ってきた。

白いレースのカーテンで仕切られた隣のプレイルームに、僕たちと同じすっ裸でいちゃつく男と女の姿が見える。

これが〝仮面プレイ〟と名付けられたイメクラ「Ｔ」の最新メニュー、乱交視姦プレイだった。

九年前、夜這いプレイを売りにして鶯谷に出現したイメージクラブはいまでは〝イメクラ〟と呼ばれ、そのサービスをどんどんエスカレートさせ、都内あちこちのマンションに乱立している。

ここで、風俗専門の求人情報誌を見てこの店で働き始めたという現役女子大生のアルバイトK嬢と淫らな行為にふけった僕は、その足で日暮里駅へ向かい、客のアナルに指を入れ、前立腺マッサージを施す〝性感エステ〟の店をMAPを頼りに探し当てた。

七年前、少なからずMっ気のある吉原のソープの社長が、病院で看護婦に前立腺を刺激され、その快感を「これは商売になる」と始めたのがルーツとされるこの〝性感エステ〟もここ数年、もの凄い勢いで都内にマン延し、アチラコチラのマンションの一室で密かに営業している。

〝イメクラ〟〝性感エステ〟とともに、昭和六〇年二月一三日に施行された〝新風営法〟以降に産声を上げた風俗店だが、その多くは、これまでの性産業が盛り場に密集していたのとは違って、人々が住居とする、ごくごく普通のマンションの一室で営業を行っている。中には、下町の一軒家を丸ごと〝風俗店〟にしている店さえある。

青少年の健全な育成のため、というお題目のもとに作られた〝新風営法〟。ところが、実際は、その法の施行のあとを追うように〝イメクラ〟〝性感エステ〟といった淫らな性産業がいつの間にか、健全な（？）青少年が住む住居近くに侵攻してしまったのである。

一体、なぜ、こんなことが起きてしまったのだろう。

〝売防法〟で〝悪所〟は拡散し

実は日本の性風俗は、これに似たことを三十数年前に経験している。

昭和三三年四月一日〝売春防止法〟が施行され、赤線の灯が消えた。

これによって、たしかに〝悪所〟は法律上は消滅した。ところが、それから数年後、かつての〝悪所〟にラブホテルが乱立する。

そして、そこには赤線時代には決してそうした場所に足を踏み込むことのなかった素人女性が足を向け始める。

何年かが経ち、ラブホテルは赤線地帯から、人々の住む住宅地にまで進出し、そこを使ってのパンマといわれる売春の新しい形態を生み出していった。

〝売防法〟がいけないというのではない。たしかに、この法によって、救われた女性は多かっただろう。

しかし、見落としてはいけないのは、その功と同時に、この法が確実に〝悪所〟を都市に拡散させたという罪を背負《しょ》ってしまったという事実である。

同じように〝新風営法〟もまた、都市に〝悪所〟の拡散化をもたらしてしまった。

前述したように〝イメクラ〟〝性感エステ〟といったマンション風俗のマン延もその現れだが、もうひとつ〝新風営法〟の施行と軌を一にして出現した電話を使い、男と女がコミュニケーションをとる〝テレクラ〟も〝悪所〟の拡散化に拍車をかけた。

盛り場と住宅地を一本の電話線が結ぶこの性風俗によって、女子高生、女子中学生までもが、無意識のうちに〝悪所〟の存在を知り、性が商品になることを知ってしまった。そして、やがて、大人たちは、彼女たちが使用済みのパンツを売り始める中で、彼女たちの変貌の事実に気が付くのである。

ノーパン喫茶が歌舞伎町を変えた

いまから十数年前の昭和五〇年代の後半、新宿・歌舞伎町は、世界の性都といわれ、ありあまる性のエネルギーが溢《あふ》れていた。

だが、歌舞伎町が昔から、こうした性の街だったわけではない。

昭和四〇年代、学生運動花やかりし頃には、歌舞伎町は、若者のアウトローな熱気でむせ返っていた。

為政者は、その圧殺に乗り出すかわりに、この街のピンクの窓を少しだけ開ける。

その結果、歌舞伎町のさくら通り、東通り、風林会館前の通りには、当時性産業の主流だったピンクサロンが並び始める。

歌舞伎町が一気に性の街に変わったのは、昭和五五年後半から五六年にかけて、全国的な規模で起きたノーパン喫茶の一大ブームが、そのキッカケだった。

そこここにノーパン喫茶がオープンし、街はアッという間にピンク化する。

欲望はエスカレートし、人々が見るだけでは満足できなくなったとき、ノーパン喫茶は同じ時期に産声を上げた性産業〝マンションDEトルコ〟〝ホテルDEトルコ〟と合体する。こうしてノーパン喫茶は、ノーパンの子の運ぶコーヒーを啜《すす》ったあと、コーヒーを運ぶ女の子の中で気に入りの子を指名して、個室で局部マッサージを受ける〝ファッション・マッサージ〟へと変貌した。

そんな中で〝イブ〟という風俗界のスターも誕生し、歌舞伎町の性産業はもの凄い勢いで肥大化し、世界の性都と化していった。

ここに至って為政者は、庶民のそのエネルギーに驚きながら〝新風営法〟というタガをかけるのだが、ちょっとやそっとでは取り締まれない。

逆に、取り締まったことによって、庶民のエネルギーは盛り場をはみ出し〝イメクラ〟〝性感エステ〟となって、人々の住む街へと侵攻し〝新風営法〟から十年たったいま、東京中に〝悪所〟が拡散してしまったのである。

〝悪所〟はアメーバのように侵入した

むろん、為政者がいくら政治的人間は困るからと、人々を性的人間に変え性産業をあおって、愚民化を図ろうとも、ことセックスは男だけでできるものではない。その相手となる女性がいなければ性産業は成立しない。

その意味で、歌舞伎町がピンク化した昭和五五、五六年という年は、なかなかに興味深い。

昭和四七年、庶民派宰相田中角栄が誕生し、カネがあれば何でも〝ヨッシャ〟の拝金思想をまき散らした。

このとき、思春期だった少女たちの中にこの拝金思想は浸透する。彼女たちが一九歳、二〇歳になって身体を張って稼げるようになった年、それが五五年〜五六年だったのである。

長く〝悪所〟は、いくら金になろうと、普通の娘たちは近づいてはならないとされていた。ところが〝売防法〟から何十年が経ち、この時期、すでに〝悪所〟の拡散化は始まっていて、普通の娘にとって、どこが〝悪所〟なのかわからない状態になっていた。

こうして、拝金思想に洗脳された女の子が〝悪所〟の存在さえ知らぬままに、ただお金のためにノーパン喫茶に勤めて、パンツを脱ぎ、さらにカネになると〝ファッション・マッサージ〟嬢となっていった。

そんな折も折、拝金思想に洗脳された女の子が飛びつく、全く新しい風俗が出現する。昭和五七年の暮に登場した筒見待子主宰の〝夕ぐれ族〟がそれだ。

「いまの女の子は共同トイレのアパートには住みたくないの。できることならバス、トイレ付きのマンションに住みたいと、みんな思っている。そうした女の子と、お金持ちのおじさんとを結びつけるのが、わたしの仕事」

筒見女史のこの言葉に金がすべてと思い込んでいた女の子は素早く反応し、五八年に愛人バンクは一世を風靡する。

もちろん、おじさんにマンション代を出してもらったり、あるいはお小遣いをもらったりする代わりに、女の子は身体を提供するわけだが、金のためなら、何をしてもいいという〝ヨッシャ、ヨッシャ〟の思想の元では、それはむしろ当然のことと受け止められた。

ことほど左様に、愛人バンクは、ごくごく普通の女の子に、セックスが金に換えられることを教えるとともに、男と女は、女郎屋、遊郭《ゆうかく》といった〝悪所〟でしか遊べないという考え方を根本から変えてしまった。

昭和三三年三月三一日まで、東京にはたしかに〝悪所〟が存在した。

これが〝売防法〟によってその外堀が埋められる。そして、それから二十数年後〝新風営法〟によって内堀も埋められた。

だが〝悪所〟がなくなったわけではない。

いや、なくなるどころか〝悪所〟はアメーバのように姿形を変え、都市の中にもぐり込み、いまでは人々の住む住宅地にまで及んでいる。

いま、ふり返って考えてみれば、十数年前、新宿・歌舞伎町が世界の性都といわれ、ケバケバしい〝性の花〟を咲かせたあの季節は、実は〝悪所〟が都市にもぐり込むぞという宣戦布告の時であったように、思えてくる。

かつて僕の主たる取材地は、ＪＲ山手線鶯谷駅からタクシーでワンメーターの吉原だった。

その後、新宿・歌舞伎町をはじめとする盛り場が加わった。駅からスグに取材先はあり、僕はＭＡＰを持つことなく何の苦もなく取材先を訪ねることができた。
しかし、いま、僕は取材のためにバッグの中に東京のＭＡＰを持たなければならなくなっている。路地裏のマンションの一室を訪ねるために――。

（１９９５年5月12日発行　別冊歴史読本特別増刊98「ニッポンの性」）

◀カラダを張って生きる泡姫たちから世の中の見方を教えられた。

II 極私的歌集

初期歌篇――ネオンの海へ

蟻ほどの〈愛〉在るならば少年よ行け！　塵、無知、恥辱の地上遠くまで

悪魔の唄う子守歌偽りの楽園に谺して恋愛神《キューピット》は逃亡袋小路を涯しなく

徳利に搦めとられしからくりに身を浸し居る酒場「どん底」

此処よりも悪しき処へ舵を取れ！　厭くことのない悪意を積んだ少年航路

帰るべき山河も断ちていまは暮暮《くれぐれ》・逆髪《さかがみ》の少女と解けぬなぞなぞなどを

闇・花火緑山脈《やまなみ》疾走《はしり》ぬけ論至りえず佇つはぐれ橋

都会灯《ネオンび》の彼方に淀む〈君は誰だ！〉わたしはただのただの少女よ

敷島のしじまに泥泥《マグマ》眠りおりマグマ女神《マリア》の交接《まぐあい》の季《とき》

にせちちににせ似合いの見合い札合わせ家族合わせの誘う異郷

産まずして埋めよ！されど倦みすぎた日々なれば労咳病みの娼婦買いたし

鯨さえ人もて飛ばす人の世の夜われらの不幸〈飛び猫〉は飛ばず

渇いた喉の男たちの猥歌空に吠え敵の愛人に似たきのうなつかし

娼婦の部屋に吊るされてかみ闇の上座の〈陛下の帽子《ファミリープラン》〉

〈われわれ〉と〈われ〉とをわかつ鏡橋なみだ合わせののちのふしだら

獣園に影を慕いて一本の美樹〈昭和館〉内赤色炎上《エロス》

きのう、今日、明日は偽証と戦《そよ》ぐ長髪《ながかみ》みだれ髪〈金髪ベッド・レスビアン〉

何処よりも淋し男の眼差し遠く生まれ出づる地獄門　悲し

折鶴を折る手母の手搦め手極め手みだら曼陀羅少年の首

錆びつつも鎖持つ故生き継ぎゆかば飼育されつつ失う魂《こころ》

少年の帰郷の査証《ビザ》の失効間近かせめて吹雪けよ赤色怨歌

少年のこころの肉化立ち暗み振り向かば惨〈履歴《おいたち》〉の樹

さまよえる魂《こころ》ひとつを武器にして紅い雪降る二月街・都市《まち》へ

棄てられしかの地父祖の血打ち棄てて来て魂禊《こころ》にネオンの海へ

此処よりも何処へも行けぬ俺のための暁《あけ》の泥酔酒の橋《ブリュッケ》

（伊藤裕作歌集『シャボン玉伝説』より、1988年4月　ブロンズ新社）

娼婦歌篇――ソープ百人一首

壱　ツルリツルツル

いつからか背筋を指が這うたびにジワリジワリと肉襞に潮
客の手が背中這うたびのけぞって振りむけば愛芽ばえしことも

わが口《くち》で尺八吹けば男たちカラダ背らしてわれいとおしむ

ローションを股間に塗って受け入れる客の肉茎いつも冷たき

紅《くれない》の花嫁衣裳身にまとい心くれない客とまじわる

森昌子似てるねという男らはアットホームな愛撫を好む

「妹に似てるね」といいわれを抱くあの客《ひと》の指妙にしなやか

わがままな客に接してつくすとき心ひそかに母性がゆらぐ

中年の渋さがわれの気を許す指の戯れエロスの序曲

ローションが肉体《からだ》の奥にしみてゆく膝、肘、心ツルリツルツル

愛の飢え満たす感触乳房より下りていつしか肉体《からだ》を焦がす

愛なくもくわえしゃぶって動かせば火照る肉棒口《くち》に広がる

指がはい舌からみつき肉燃ゆる肌から芯へさかしまの性《さが》

左胸いじられるほど身は生身芯からじわり花弁を濡らす

Ｙの字と逆さＹの字みだらの模様シックスナイン舌が蠢く

寄り添ってムードを出せばキラキラと吉原の星　雫輝く

欲望の宴の伴に選ばれし喜び奏づ肉の琴線

口《くち》の中カリがふくらむその変化　舌で味わう絶妙舌技

会うときは淑女の如くソソとして個室入ればオソソ狂乱

ロクでなし６９《シックスナイン》サービスに顔をそむける客　バカヤロー

ケセラセラ肉体《からだ》開いてケセラセラ肉のハイフォンおもちゃのように

オスケベをビデオでやって六ヶ月オスケベ中毒いまソープ嬢

「いらっしゃい」つづけて「マッホ」身を沈め口《くち》にはペニス手にはタマタマ

ハスキーによりハスキーに声を上げ昇りつめれば心晴れ晴れ

Dカップ下から上へせり上がりのけぞる我の股間グッショリ

うしろから突かれ突かれてドンドン疲れ生身の肉体《からだ》匍匐前進

バスト100ユッサユッサと顔面で見せて揺らせてタッチを誘う

ユサユサとゆれる乳房のその谷間ペニス置かれてユリと呼ばれる

肉棒のすりへる如く陰毛が切れてちぢれて残り湯に浮く

男らのたぎる欲望うける瞬間《とき》算盤よりも肉の快感

売る春に上品下品あるじゃなし売れば肉体なべて生肉

弐　背中《せな》の慈母像

イッタあと「具合がいいね」と客がいう天賦の才を我いかしおり

母を捨てわれを捨てさる父に似た客《おとこ》来たりて肉の情交

好きな男《ひと》できて初めて知る地獄ソッと囁く「いくらほしいの？」

金玉《ゴールド》を握り稼ぎしわれの手にズシリと重き宝・貴金属《ゴールド》

本名を履歴書の中閉じ込めて今日からわたし「泡姫女優」

不感症悩める性の子羊はバイブルよりもバイブレーター

するときはいつだって初夜新鮮に肉体《からだ》を開く花嫁娼婦

陰茎を奥の細道導いて場所をかまわず一気のイック

源氏名はシェリー、ミレーユ、カトリーヌ匿名希望名ばかりの名

懐《ふところ》が枯れてカラカラ肉体《からだ》張るされば淫水恵《めぐみ》の水気

夢は店みせかけの夢抱《いだ》きつつ貢ぐ男に抱《だ》かれていたり

春を売り見栄張り買った晴着着て成人の日に食べる肉塊《ステーキ》

世の中の波にのまれていま娼婦祈る願望並みの人なり

じわじわと肉体《からだ》が燃える快感を背中《せな》であらわす火焔の童子

肉体《からだ》売るうしろめたさに冷えた胸ひとときすくう肉のぬくもり

気がつけば異人となりて肉体《からだ》張るわれはファッション・プロレタリアート

自暴自棄なりて男に身をまかすわれを支える背中《せな》の慈母像

参　やけになつかし

なに欲しいおカネが欲しいだから売る高校中退中卒のわれ

「吉原」と告げてタクシー乗るたびにルームミラーがふいに気になる

勤め先問われてはたと言いよどむ吉原ソープといえぬ切なさ

ススキノで肉体《からだ》開いて流れ旅吉原・金津・雄琴・福原

性愛の奥義知ろうと泡姫になりて〝ひとつき〟色道開花

保母の頃もみじ手取って遊んだ手いまたくましい肉棒握る

なにげなく客の髪の毛触れる瞬間《とき》美容師の夢ふとよみがえる

若かりし頃に鍛えし肉体はアクロバチックなラーゲが似合う

肌の合う男出会いし時などにわれの辞書にも後悔の文字

わが上をとおりすぎさるおとこ数かぞえしときがやけになつかし

肆　夢飾り

肉襞を擦って合わせて雁を狩るわれ仮の世のビジネスライク

キミが来て「結婚しよう」と言うときはフェラチオのあと故に信ぜず

ひきつって微笑むこともたまにある顔見世のわれあるいはお客

一見《いちげん》の客に抱かれつ目はよそ見ステンドグラスのこぼれ陽キラリ

肉茎がわれのホールにフィットして「結婚しよう」といいよる男

笑顔して客と交《か》せし絵空事カネ受け取れば真白き荒野

姫はじめ嘘に悶えて嘘に鳴く祝いの春も売れば切なき

真実はこの肉体《からだ》のみあとは嘘年齢学歴その他もろもろ

正常位男の舌で悶えつつわれ思いおり福沢諭吉

売りものといえど股間に血は流る生理日間近か男恋しき

猫のみがわれの心を知っている下僕《しもべ》となりて生きるゴロニャン

バカヤロウ誰が好んで肉体《からだ》売る個室は舞台われれは演技派
きのうまで３万の値この肉体《からだ》店を変われば４万なのね
行く末を案じるよりも夢飾り男はべらし札びら切って
愛のないいじり愛して悶えるわれの燃えるカラダに冷たきココロ
夢を買うために肉体《からだ》を投げ出して悶え乱れていま夢の中
ワン・アワー泡にまみれて泡踊る心閉ざしてわれラブマシーン

ローションをソッと肉襞忍ばせて「好き、好き、好き」とからみつく嘘

「素人よ」客に経験問われるたびに二年二ヶ月われは答えり

伍　花うらない

仕事とはいえど本気に燃えもする田村正和似た人などは

客の手が触れればア行快感が腹の底から出る娼婦病

人の世をはずれ苦界に身を投ず娼婦文学絶えて久しき

合わさればもうそれだけで客はイク名器の悩みイケず悶々

豊満に熟れて二十四全身に快楽の糸張って客待つ

マスコミに出ればスターと早とちり泡姫となりニコリ頬笑む

コンドーム被せるだけで値は落ちるわれの肉体生肉なれば

スッポンの首の伸びゆくさまを見てわれは独りで首をすくめる

カネで買う女とはいえ血は流る商品ならずわれも人なり

けだるさに身をまかせつつ客をとる真昼の虚無《ニヒル》イカされしあと

店に出て穴あきパンティ穿く刹那ダッチワイフになる切なさよ

故郷の父母に内緒のわが勤め貯金通帳友とし生きる

いにしえの人が苦界と名付けし街にわれは来たりていま夢紡ぐ

股の間に異物が入る夢時間悶えもどきで過ぎゆくを待つ

イクものかイッてなるかと我慢するわれマン身の悦楽地獄

人が皆われよりえらく見える夜夢吹きだまりわれおし黙る

イクイクと花弁開いて悶えるわれを見つめていたり染みのある壁

父ほどの齢の客に抱かれつつ行方不明の「父さん」恋し

ちょい太目くわえてオブスわれ年増熟れた肉体《からだ》の売れどきはなく

惚れちゃったあいつを男にするために来る人拒まず男立ており

腰を上げ背中に男を感じつつ真白き壁の染み数えおり

「また来てね」事後の一言囁いてベッドの脇の花を占う

「ハイホー」もにごりにごればバイボーとなりてわれらは悲しき娼婦

伊藤裕作歌集『シャボン玉伝説』あとがき

昭和三十三年三月三十一日〝赤線〟最後の日から数えて丸三十年が経過する。

もちろん、この日を境に日本から肉体《からだ》を張って生きる女たちが消えたわけではない。公娼という制度はなくなっても、肉体を張る女たちはしたたかに世の中に蠢き続けた。とりわけここ十年、日本の性風俗は百花繚乱を究め、そこで働く女たちの数ははかり知れない。

幸か不幸か、僕は突撃風俗ライターとして、その十年に付き合い、性風俗現場で肉体を張って生きる女たちと、あるときは肉体と肉体をぶつけあい、またあるときはじっくりと語りあい、裸の女たちをつぶさに観察する機会を得た。

親のため、幼い兄弟姉妹のために身を売った、かつての赤貧の〝娼婦〟たちとは異なり、〝今娼婦〟の彼女たちは一応におもてむきは豊かで明るかった。

しかし、彼女たちと接すれば接するほど、その明るさの裏にある何かが見えかくれするのも、僕は見逃さなかった。

そして、いつの日かこの明るさの中にひそむ闇を僕は〝現代娼婦論〟として書こうと思うようになっていた。

そんな折も折、俵万智ブームがやってくる。

学生時代〝早稲田短歌会〟に所属し、短歌を作っていた僕は〝サラダ記念日〟に目を通しながら、その素直な俵短歌に触発されて、ハタとあることを思いついた。

現代の娼婦である彼女たち総体の心は今語れなくても、彼女たちひとりひとりが持つ瞬時の心なら、もしかしたら僕は歌えるのではなかろうか？

こうして去年の春から僕は取材で出会ったソープ嬢に一瞬なりきって彼女の気分を歌にし始めた。

百人のソープ嬢になりきり、百首詠った〝ソープ百人一首〟が出来上がり、通して読んでみると、案の定、おもてむきの明るい顔とは裏腹の悲しく切ない気分がそこにはただよっていた。

僕の試みは成功した。

そこにただよう悲しみせつなさこそ、かつての〝娼婦〟と〝今娼婦〟のソープ嬢に通底する心の闇だ。

僕の〝現代娼婦論〟はこの〝ソープ百人一首〟で十分に完結した。

僕ははっきりと断言できる。

尚、初期歌篇は学生時代の歌である。あえてここに組み入れたのは、〝ソープ百人一首〟を作り終え、学生時代の歌を読んでみたところ、そこに僕がなりきった〝今娼婦〟ソープ嬢の心と実に近しいところで作った歌がいくつもあったからに他ならない。

考えてみれば、僕の学生時代って、人目のあるところでは明るく振るまっていたけれど人生何も見えず、心の中はまっ暗の暗だった。

　引き裂かれ吊るされ撲たれ猫・基督敵屠れども〈バッキャロウ〉未練

当時の僕の気分を素直に詠った歌である。この敵を客に置きかえると〝ソープ百人一首〟に組み込んでも決しておかしくない。七十年代のあのどこか明るく、しかしどこか鬱蒼とした気分。僕があの気分をずーっと持ち続けてきたからこそ、この〝ソープ百人一首〟はできたのかもしれない。

昔の歌と〝ソープ百人一首〟を読み比べ、僕はそんなことを思った。

歌を詠みすすむにつれ、学生時代に一緒に歌を作った山田徹、井上章、吉田哲男、山下潤一、そして当時いろいろ世話になった先輩の福島泰樹兄、三枝昂之兄の顔が浮かび、つづいて取材を通じて知り合ったソープ嬢の顔が次々にまるでシャボン玉のように浮かんでは消えていく。

期しくも、明日は僕の三十八歳の誕生日だ。たしか僕が上京したのも二十年前の今日だった。

泡沫の二十年はアッという間にすぎ去り、その記憶はシャボン玉のように浮かんでは飛んで消えていく。だから〝シャボン玉伝説〟。僕はこの一冊にこう命名した。

〈後　略〉

昭和六十三年二月二十四日

平成歌篇

出立

「家を出ろ」寺山修司の呼びかけに１９６８《イチキュウロクハチ》われ東京へ

★

★

盛り場の一隅照らす人ならむ堕ちて身体を曝し歌詠む

ヘタウマに詠う歌人の味付けは天然ベースで灰汁《あく》はひかえめ

★　★

あてどない放浪の旅つづけ来て終着駅は始発駅　出立

劇場《こや》建ちて芸濃い町に春来たる　弥生朔日《ついたち》ジンタ軽やか

まがいもの　なれど舞台に身を置けば腹から声出て役者の風情

産土《うぶすな》に感謝し友を郷に呼び「望郷オルフェ」われも歌舞いて

燃え尽きてまた立ち上がり前を向き世直し一座　穢土の地に立つ

落ちる水光当たって虹浮かび暗黒幻想芝居の魅せ場

伊勢の津の阿漕の平治穢土の地で「われを裁け」と警世の檄

千穐楽終われば劇場《こや》も消えてゆく　流れ徒党の外連味《けれんみ》なりき

★
★

時を経て年を重ねて機は熟しシニア劇団芸濃い町へ

老いらくの宝塚ふう新歌劇　わが鄙の地に舞い降り　踊る

縁起良し女三代揃い踏み芸濃い劇団前途洋々

伊勢の地に生きて劇して町興し少女と嫗《おうな》思いひとつに

曼殊沙華群れて花咲く里が故郷《さと》異郷の都市《まち》で見るは一輪

背に墓を背負《せお》いて命《めい》を革《あらた》めよ「ふるさと人《びと》のお化け」の使命

首の、《てん》食われちぎられ犬神は大神となり　月に吠えてる

★　★

都《と》鄙《ひ》の地を「ひかり」に乗って往還す　老いて阿弥陀に出会いしわれは

５０年前のカレーは「松山容子」２０１８《ニイマルイチハチ》レトロを食す

◀ストリップ劇場がわたしの風俗とアングラ芝居とを結ぶ懸け橋だった。

III　極私的アングラ芝居評

アングラ芝居を探して（「映画芸術」2000年～2008年連載）

第1回　アングラ芝居の王道

寺山修司の「家出のすすめ」にアジられて上京、早稲田にもぐり込み、寺山のすることは、何でもしてみようと、短歌を作り、芝居に興味を持って、ハタと気が付けば三十数年がたっていた。

とはいえ、横文字に弱く馬名がおぼえられず、寺山修司の競馬にだけはついになじめず、その代わり、競馬予想に必ず登場した〝トルコのモモちゃん〟ってどんな子なのか？

そっちの方が気になって、モモちゃんを探してネオン街を徘徊するうちに、風俗ライターを生業にするようになっていた。

そんなボクだから、劇評といったって行儀のいいフツーの芝居を語る資格なんてあろうはずがない。

何たって、これまで三十数年間観てきた芝居の中で、いまスグに思い起こせる劇的シーンを三つ挙げろといわれれば、一つは上野・不忍池で観た「状況劇場」の赤テントの芝居で大久保鷹が背中に机を背負い、池からズブ濡れで登場したシーン。

二つ目は「天井桟敷」の市街劇。紀伊國屋書店前で地図を受け取り、地図を頼りに、四谷あたりのアパートを訪ねると、いま思えば、あれは鈴木いづみだったろうと思われる女優が演じる労咳病みの娼婦が蚊帳の中にいて「わたしを抱いて」とせまってくるシーン。

そして、もう一つは、十年近く前に観た「水族館劇場」。舞台が瞬時にくずれ落ちすざましい量の水が吹き上がるスペクタクルなラストシーン。

これでわかるように、ボクが観てきた芝居は、アングラといわれる芝居ばかり。と、まあ、前書きが長くなったが、とにもかくにも劇評である。

ここでは、去年の暮れから、今年にかけて観た芝居の中で、ボクの魂をグ、グッと揺さぶった二つのアングラ芝居を取り上げて、思いつくまま評してみよう。

まずは、去年の十一月後半に、下北沢、ザ・スズナリで上演された「燐光群」の『天皇と接吻』（作&演出・坂手洋二）。

「燐光群」がどうしてアングラなのか？　そんな疑問を持つ人がいるかもしれないが「転

位21」山崎哲の弟子に当たる坂手洋二が率いる「燐光群」の芝居はボクにとっては、たっぷりと毒を含んでいて、日常生活に、うつつを抜かすボクの魂を激しく揺さぶってくれるアングラ芝居以外の何物でもない。

さて、『天皇と接吻』である。

この芝居は一九九八年に草思社から刊行された平野共余子の「天皇と接吻―アメリカ占領下の日本映画検問」をモチーフにして、坂手が書いた、管理されていく現在のとある高校での物語。

終戦直後の日本映画に対するＧＨＱ検閲問題を、高校の映画研究会が自主製作。ところが、それを上映しようという段になって学校側から待ったがかかる。

舞台は、映画で撮られた敗戦直後の映画製作会社の場面と、高校の映研の部室が交互に描かれ、最後は高校生が、学校側の圧力に屈することなく映画上映を強行突破する感動的なシーンで終わる。

いろんな芝居があっていいと思うが、少なくともボクが面白いと思う芝居は、舞台という虚構の世界であっても、どこかでいまと通底していなければいけない。

そんなわけで〝君が代〟〝日の丸〟法案でわかるように、日々右傾化する現在を巧みに芝居に取り入れたこの『天皇と接吻』は実に面白かった。

ちなみに、ボクがこれまでに観た坂手芝居の中で一番気に入っているのは十年ほど前に上演された『カムアウト』。

これはレスビアンの共同体を舞台にした、マイノリティがいかに生きるかを描いた、反権力の芝居だった。

ラストで、主役の黒田明美が、

「私は、私であることを、選んだ」

と、キッパリと宣言するシーンは、いまもボクの脳裡にしっかりと刻み込まれている。

この頃（と、いうか、初期の頃）の坂手芝居は、ひたすら「私たち」と「私」にこだわっていた。

「我々は戦うぞお～」世代でありながらインポテンツという個的な心の〝病い〟をかかえ、自立しえないわれと向きあいつづけてきたボクにとって「私たち」という共同体の中で、人間がいかに自立した「私」の世界を確立していくのかを問う坂手芝居は、興味深かった。

ついでに記しておけば、ボクがトルコのモモちゃんを探して、風俗ライターになったというのは、あくまでも言葉の綾で、本当のところは、若い日にボクが自立したくとも自立しえないが故にこだわりつづけた性を、いとも簡単に商品化して売り買いする世界があることを知り、それが、性風俗への興味となって、いまもボクは、その世界を徘徊しているのである。

ま、それはともかく、その後坂手は「私」へのこだわりを小泉八雲にからめて西欧に向け始める。結果、いつしか、坂手芝居はボクにとっていささかなじみにくいものになっていっていた。

それが『天皇と接吻』では、管理の進む高校という「私たち」の中で「私」がいかに生きていくのかという問題を提起し、「私」が「私」として生きるために必至に闘う姿を描いてみせた。

闘うことをやめて久しい、ボクら、いやボクにとって『天皇と接吻』のラストシーンはいつか見た夢の再現で、ボクは知らず知らずのうちに、その現場に立ち会っている自分に興奮していた。

ボクにとって、芝居は絵空事ではつまらない。

舞台という虚構の世界に付き合いながら、フッと気が付くと永瀬正敏のカップメンのコマーシャルではないが、その現場にナマ身の自分が突っ立っている感動。そして、その感動は、芝居が終わったあと、いやが上にも、ナマ身の自分の体験となり……。

そんな芝居が好きである。

『天皇と接吻』は十分にボクを永瀬正敏にしてくれる芝居だった。

去年の七月、坂手は「〝日の丸〟〝君が代〟法制化に反対する演劇人の会」の世話人として、演劇人の署名を集める運動に奔走していた。

おそらく、この運動と同時並行的に想が練られ、また執筆されてであろう『天皇と接吻』には、それ故に〝日の丸〟〝君が代〟法案化に反対する坂手洋二の意思が色濃く反映されていた。

そういえば『天皇と接吻』の上演と時を同じくして「〝日の丸〟〝君が代〟法制化に反対する演劇人の会」の世話人だった「流山児★事務所」を主宰する流山児祥も、自らの劇団稽古場である早稲田のスペース早稲田で『ラクダのコブには水が入っているんだぞ』という昭和天皇が死んだ日の物語、とんでもない反天皇制芝居をやっていた。

これもまた、流山児祥流の〝日の丸〟〝君が代〟法制化に反対する演劇人としての意思表示であった。

ともあれ、坂手も流山児も、ただただ〝日の丸〟〝君が代〟法制化に署名活動で反対するだけでなく、演劇人として、きっちりその〝おとしまえ〟をつける芝居をやりきっていたのである。

権力に迎合するアングラ芝居はない。アングラ芝居は、反権力でなければならない。これがボクのアングラ芝居――。

その意味では、久方ぶりの坂手の反権力芝居『天皇と接吻』は立派にアングラ芝居であり、アングラ芝居が大好きなボクを十二分に楽しませてくれた。

もう一本、う～ん、これぞアングラという芝居を観た。

二月五日、ボクは、明大前にあるキッド・アイラック・アート・ホールという小さな劇場にいた。

そこでは、流山児祥がここ四年間育ててきた若手の劇団「流山児組」の解散公演『星の王子さま━毛皮のマリー・挿入バージョン』（作・寺山修司、演出・流山児祥）が上演されていた。

「言葉が死ぬとき、目覚める世界がある」

で、始まる三十年前に寺山修司が書いた戯曲の流山児版の芝居で、役者たちは一生懸命やっていたが、いかんせんまだまだ役者の卵たち。一気にボクを虚構の世界に引っ張り込む力はない。

だが、しかし、元淫売宿のホテル内で繰り広げられていく、見えない星を見つづけるこの物語に付き合ううちに、ボクの中で（この話、つい最近どこかで聞いたことがあるぞ）そんな思いが沸き起こってきた。

一月二十八日、九年二ヶ月にわたって少女を自室に監禁していた〝新潟少女監禁事件〟

が発覚し、ニュースは日々それを伝えていた。

「そうだ、この物語は、見ようによっては、あの事件そのものなんだ」

おそらく、あの少女は、犯人とともに見えない物を見つづけて、二人だけの物語を作りつづけてきたが故に、九年二ヶ月逃げ出しもせず、男に付き合っていたのではないか。

舞台では、佐藤華子が演じる主人公が、見えない星が見えたといって、そこにとどまろうと決意する。

舞台で演じられている虚構の世界と、現実に起こっている事件をクロスさせて、この芝居を見るうちに、三十年前に書かれた寺山修司の〝病い〟の世界が、いまと通底し、ボクの魂をふるわせ始めていた。

古いテキストを持ち出して、尚、それを、いまと通底させてみせる流山児祥の演出は、アングラ芝居の王道を往く流山児祥らしく実にお見事で、アングラ大好きなボクを十分に納得させてくれる芝居であった。

第2回　かつての十七歳が見たもの

「東京キッドブラザーズ」の主宰者、東由多加が、四月二十日〝食道がん〟で死去したというニュースが載ったスポーツ新聞を手に、二十二日夜、ボクは劇場の解体が進む、渋谷〝ジャンジャン〟に向かっていた。

この公演が最後ということもあって、劇場前には長い人の列ができていた。

「流山児★事務所」公演、寺山修司作、流山児祥演出『血は立ったまま眠っている』――。

四十年前に寺山修司が書いた処女戯曲。数年後に早稲田の学生劇団「なかま」が東由多加演出で上演したことがきっかけとなって〝天井桟敷〟が誕生したというその芝居を東由多加の死を報じるスポーツ新聞を手に観るというのも、何かの因縁である。

ともあれ、ポツンと便器一つが置かれた殺風景な公衆便所が舞台――。

モップで床を磨きながら、若杉宏二が、

〽地下鉄の鉄骨にも　一本の電柱にも　ながれている血がある　そこでは　血は立ったまま眠っている
ブルースを歌って、幕が開く。

四十年前、六〇年安保の真っ只中で書かれた政治的自由でない、本当の自由を求める少年たちのありあまるエネルギーの物語は、見ようによっては精神病院の解放病棟の中で繰り広げられる人間模様のように見えてくる。

裏切る親父、元共産党員のトップ屋と称して近づいてくるいかがわしい男、少年たちのまわりに集まる大人たちは、誰もかれもうざったるい。

「そんな大人、信用しちゃいけないぞ」

ボクは、自分の年齢を忘れ舞台の少年たちの側に立って物語に引き込まれていっていた。

そのとき、フイにボクの脳裡に、舞台の少年たちと同じ頃の自分の姿が思い浮かんできた。

三十三年前、十七歳――。

ボクは田舎の高校生。おそらく、その頃、東由多加は、寺山修司と一緒になって「天井桟敷」をやっていたハズである。

何の番組だったか思い出せないが、当時のボクは、エネルギッシュに、ボクたち少年にアジテーションを送る東由多加をテレビで見ていた。

テレビのコードをはるかに超え、過激でエキセントリックな東由多加――。

東京にはとんでもなく凄い兄貴がいる。ボクは、その頃の東由多加を見て、そう思ったことを、芝居を観ながらハッキリと思い出していた。

やがて上京したボクは「天井桟敷」の舞台を見まくった。

新宿・厚生年金会館ホールで観た『書を捨てよ町へ出よう』。

客が溢れ、ボクは舞台のソデに上げられて同世代の少年少女たちが詩を読み、誰かに何かを語りかけ、煽り、絶叫するその芝居を観た。

ボクは十八歳になっていた。

長い間、あの『書を捨てよ町へ出よう』は寺山修司の作、構成で東由多加の演出だとばかり思っていたが、いま、改めて「天井桟敷」の上演記録を見ると、あの芝居の演出は寺山修司となっている。

そうだったのか。だが、少年少女の魂のミュージカルであった舞台『書を捨てよ町へ出よう』は、テレビでエキセントリックに、ボクたちに呼びかけていた東由多加の演出であっても決しておかしくはない。そんな舞台だった。

その頃、日本のアチコチでピストルによる連続殺人事件が起きていた。

翌年四月、僕が十九歳になって間もなく逮捕される、ボクと同じ年の永山則夫が起こした事件だった。

『血は立ったまま眠っている』のラストで、語られる、

「誰だあくびをしたのは……。まだすることは一杯あるんだ」

というセリフ。ボクらの時代、そのセリフを吐く役をやったのが永山則夫だった。

そして、そんな時代の熱い舞台を作ってくれた兄貴たちが寺山修司であり、東由多加だったと、ボクは思っている。

いま、狂える十七歳が、日々事件を起こしている。精神科医とかが、アレコレ、少年の

心の闇について語っているが、クソクラエだ。

どうしてなんだ。どうして、いま、三十年前、永山則夫の心の闇を多くの映画人、演劇人が永山の兄貴となって語り、イマジネーションを働かせたように、十七歳少年の心の闇を、語ろうとする十七歳少年の兄貴たる映画人、演劇人の兄貴たちがいないのか。十七歳、狂いまどい、猛る肉体に立ったまま眠っている血。その血の血脈を語る映画、芝居が観たい。二〇〇〇年のいま、十七歳少年の心の闇を目の前でしっかり見せてくれる平成の寺山修司、東由多加に出会いたい。

解体されるアングラの拠点で五十歳になった昔の少年は、切実にそんなことを思ってアングラ最後の演劇狂人といわれる流山児版『書を捨てよ町へ出よう』に思いを馳せたのだった。

第3回　今が旬！　水族館劇場

「水族館劇場が面白い」

いつの頃からか、ボクは芝居の話をするとき、こう言うようになっていた。

「水族館劇場」。

昔付き合った女性が、魚大好きでデートはいつも水族館。あるとき、その彼女が持ってきたチラシを見ると、そこに水族館劇場の文字——。

「お魚たち、どんなお芝居するのかしら」

彼女は、何不自由なく育った良家の子女で、そんなふうに言った。

「だね、一緒に見にいこうか」

で、足を運んでみると、そこには魚なんていなかった。いたのは、いつか見て、もうすっかり自分では忘れていた泥水にまみれ、それでも尚、愚直に前を目指していたあのときの自分。

良家の子女は（何、これ）と眉をひそめ、その世界になつかしさをおぼえるボクにあいそをつかして、去っていった。

水族館と、水族館劇場を勘違いしてというのは、フィクションだが、ともかくボクは、いまから十年ほど前、杉並区のお寺の境内で、水族館が大好きな良家の子女と水族館劇場の芝居を観た。

その芝居のタイトルも忘れたし、話のストーリーもいまはもう思い出せないが、最下層に生きる人々の物語でそこで描かれる世界は、僕には何故だか無性になつかしかった。

ラストに舞台がくずれ、天高く水が吹き上げるシーンは、美しくかつ感動的だった。そのシーンを観ながら、ボクは心が洗われ、忘れかけていた若かりし頃の自分のある決意を思い出した。

ボクが風俗ライターになったのは、女好きで、ゆくゆくチャラチャラと良家の子女と付き合うためなんかじゃなかったのだ。

ボクの学生時代は学園闘争真っ盛りで、自ら進んで社会の矛盾のルツボ、山谷へ入り込む者もいた。しかしボクにはそうするだけの勇気も、確信もなかった。性的インポテンツに悩み、生まれてこなかった方がよかったのかもしれないなどという悩みを抱きながら、その頃ボクは生まれ出ずる地獄門を見るために、せっせとストリップ劇場に通っていた。

やがて、大学を出、雑文書きとなったボクは、ある週刊誌の取材でピンクサロンへと出向き、そこで出会ったピンサロ嬢に、カルチャーショックを受ける。

彼女は、売ってはいけない性を売りながらメチャ明るく生きていた。

日々、地獄門を見ながら、悩むボクの存在は、彼女と出会うことで、物の見事にぶっ飛ばされてしまった。以降、ボクは、何かにとりつかれたように性風俗で働く女性に興味を持って、その世界にのめり込んでいった。気が付くと、吉原にまで足を運び、当時トルコ嬢といわれたカラダで稼ぐ女性たちを取材していた。

勿論、そのときはまだ、ボクは山谷と吉原が隣接する街であることさえも知らなかった。

山谷、吉原、上野動物園。

釜ヶ崎、飛田、天王寺動物園。

東京と大阪という大都市の片スミに並んで置かれた、寄せ場、悪場所、動物園。この三つに共通するものは……。権力は臭い物に蓋の論理で、この三つをセットにして都市中枢から遠い所に配置した。

そのことを知ったとき、ボクは風俗ライターにやりがいを見いだした。

それからというもの、ボクは風俗で働く女性たちをファッション・プロレタリアートと名付け、彼女たちと連帯しながら、社会と向き合っていこうと心に決めた。

しかしながら、人間というのは悲しい生き物である。

少し油断すると「お魚きれい」の良家の子女の世界に立とうとする。

ボクが「水族館劇場」と出会った十年前も、丁度そんなときだった。

ここ十年、一年に一～二回、ボクは、「水族館劇場」の公演チラシを見つけるたびに心を弾ませ、彼らの水の劇場へ足を運んで、己が原点を見つめてきた。

昭和にこだわり、棄民にこだわるこの劇団の芝居をアングラでなく、アナクロだという人がいることも知っている。

しかし、その芝居を観ているとき、どこのどんな芝居を観ているときより心が安らぐ自分がいた。と、いうことは、ボクも、とんでもないアナクロ人間⁉

だが、去年亀有名画座の閉鎖公演をやったあたりから、この劇団のスタンスがいささか変わってきた。

世の中の動きと、「水族館劇場」が描く世界が妙に一致し始めたのである。

そして、森のオソマツ首相が「神の国」発言をした、そんな矢先の『廃墟の森のディアスポラ』(作&演出・桃山邑)。

昭和にこだわり棄民にこだわり、時をさまようううちに、アナクロが旬になった。

いやそうじゃない。これは、彼らのこの十年が、そしてボクの十年が、アナクロでなかったという証しだからこそ、いま、ボクは声を大にして言いたい。

「水族館劇場が面白い」と。

第4回　セーラー服と半ズボン

二〇〇〇年五月『家畜人ヤプー』を劇団結成十五周年記念公演の第一弾とした高取英率

いる「月蝕歌劇団」。この演目は少し気になったが、何年か前に月蝕版『ドグラマグラ』を観て（女の子メインのこの劇団に夢野久作のおどろおどろしさが表現できると思った方が間違いだった）そんな感想を持ったことを思い出し「ヤプー」もこの劇団には不向きな演目とひとり合点して、劇場に足を向けなかった。

その「月蝕歌劇団」が劇団結成十五周年公演の第二弾として『ピーター・パン』をやるという。

公演用のチラシで高取英が〝パピプペポ〟路線という「ヤプー」につづく「ピーター・パン」。

もちろん〝パピプペポ〟というのは冗談だろうが『ピーター・パン』は〝アングラの宝塚〟「月蝕歌劇団」にピッタリの演目のような気がしないでもない。ピーター・パンをどのような形で飛ばすのだろう？　まさか、羽根をつけたピーター・パンに、自転車をこがせ、その力で空を飛ばそうというんじゃないだろうな。そんなことを思いながら、阿佐ヶ谷の「ザムザ阿佐ヶ谷」に足を運んだ。

いかにも月蝕らしくセーラー服の少女が登場して『ピーター・パン』の幕は開いた。

その後、時空がアチコチに飛び、ピーター・パンとラスプーチンが戦うというアングラ芝居ならではの展開で、高取版『ピーター・パン』は結構面白く仕上がっていた。

それを観ながら、ボクは高取英と初めて会った十五年前のことを思い出していた。

一九八四年の暮から八五年にかけて、ボクはいまはもうなくなってしまったが、当時新宿二丁目にあったストリップ劇場「モダンアート」でストリップのプロデューサー・ジョージ川上と組み、流山児祥演出のヌードレビューショー『肉体の門84』を上演した。八四年、有楽町にあった「日劇ミュージック・ホール」が閉鎖され、ボクらは、それじゃ、〝俺たちがアングラの日劇ミュージック・ホール〟を作ろーじゃないか、そんな気概で「モダンアート」劇場に取り組んでいたのである。

丁度そんなとき、流山児氏に高取氏を紹介された。そして、そこで高取氏が、美少女ばかりを集めた〝アングラの宝塚〟を立ち上げようとしていることを知った。

ボクらが目指した常打ちの〝アングラの日劇ミュージック・ホール〟は結局は資金がつづかず八五年二月十三日の〝新風営法〟施行の前の日に閉鎖することになってしまったが、高取氏は、以降十五年間当初の志通りに可憐な美少女たちを集め〝アングラの宝塚〟を持続してきたのだから、立派である。

数年前に観た「月蝕歌劇団」の寺山修司・作の舞台で、空を飛びたいと語る少年が、背中に羽根をつけ、自転車をこいで空を飛ぼうとしていた。そうした子どもだまし（？）の演出のせいもあって「月蝕の芝居はアングラ学芸会」という人もいた。

そんなわけで、今回もピーター・パンが自転車に乗っていたらどうしようと、思っていたのだが、アングラ十五年の実績は、もうそんなチャチな演出をしなくていいほど成熟していて、ピーター・パンはしっかりと空高く舞い上がった。

十月にもう一本観た芝居は、新宿二丁目「タイニー・アリス」の「少年王者舘＋ジャブジャブサーキッド」公演、はせひろいち作、天野天街演出『八月の南瓜と十二月の西瓜とケンタウリ～夏《なつ》の思い出～』。

時限の歪みから起こる奇妙な出来事の数々――。

ひと言で言ってしまえば、そんなＳＦチックな芝居だったが、同じ言葉を何度も繰り返すことで心地よい〝音〟を作り出す演出は天野天街ならではで、観ごたえは十二分にあった。

ボクは、この舞台をなつかしい思いで観せてもらった。実をいえば、前述「モダンアート」で『肉体の門84』のあとに上演したレビュー『人工少年博覧会』の作・演出をしてくれたのが、八四年に東京へ進出し下北沢の「ザ・スズナリ」で『自由ノ人形』を上演した名古屋のアングラ劇団「少年王者舘」の主宰者天野天街だったのである。

半ズボンの少年と望遠鏡の世界は、ストリップ劇場には似つかわしくなく、客は入らなかったがショー自体は天野天街が描いたユニークなポスターとともに、インパクトがあって、評判は決して悪くなかった。

その後、何度か天野天街の芝居を観たが、いつも半ズボンの少年が登場した。それを観るたびに「大人になりたくない」という天野天街のメッセージだと受けとっていたが、十数年ぶりに観た今回の芝居にも、やはり半ズボンの少年が舞台を走り廻っていた。

それにしてもである。高取英のセーラー服の少女と天野天街の半ズボンの少年は十五年間変わらず彼ら二人の芝居で活躍しつづけている。

その〝こだわり〟はいかにもアングラ的でただただ脱帽！である。

第5回　アングラ芝居って……

アングラ芝居って、何なのか？　これまで劇評を書くなどという作業を行なっていなかったボクは、アングラの何たるかも考えず。ボクがこれはアングラと思う芝居だけを観つづけてきた。

で、二〇〇一年にちょっと困ったことが起きてしまった。二月二十八日、新国立劇場小ホールで『ピカドン・キムジナ〜』（作・坂手洋二、演出・栗山民也）を観て、改めて驚いた。舞台に出ている少年少女たちが、実になんとも役通りの年恰好の子役だったのである。

アングラ芝居じゃ、なかなかこうはいかない。

と、いうわけで、一九七二年沖縄返還の年の沖縄を舞台にした沖縄在住の被爆者の物語は、社会派坂手洋二ならではの作品で興味深く観せてもらったのだが、アングラ芝居を取り上げるこのコーナーにはふさわしくない。そこで、ここではこれ以上これには触れないで、二一世紀に入って観たただド・アングラ芝居二本を以下――。

まず一本目は一月十七日に、下北沢、ザ・スズナリで観たオルガンヴィトー『迷宮鉄道編～バロウ』（作&演出・不二稿京）。

この劇団の芝居は劇団が十年前に創立された頃、たしか一～二本観た記憶がある。十年ぶりに、ここの芝居を観てみようと思ったのは、そのときボクの脳裡に、ここの芝居はともかくアングラ。そんなふうにインプットされていたからである。

いきなり暗黒舞踏（?）から始まる今回の舞台は、地下の穴に迷い込んだ学者と、その穴の中をさまようカルト集団の物語に、天草四郎の転生譚がからむ、難解なストーリーで、もろもろド・アングラな芝居だった。

だが、十年前に比べると、芝居の中で先祖返り進化論とか幼体成熟などの科学用語を巧みに説明してくれる配慮がなされ、もちろん、すべて理解できなかったが、結構わかったつもりになって物語を追うことができた。

秋には、ボクが観たであろう十年前の旗揚げ作品『ねむり姫異聞』が再演されるという。公演チラシによれば、それは今回の作品『迷宮鉄道編～バロウ』の続編らしい。そういえば、十年前に観たあの芝居、たしか病室で誰かが眠っていたような気がする。だったら、もう一度『ねむり姫異聞』の物語を観せてもらってから、この劇団のことについてアレコレひねくりまわすことにしよう。

ともあれ、この劇団は、テント芝居ではないが、アングラ芝居の熱気があることだけはたしか。そんなわけで、アングラ芝居って、何なのか？　ちょっとマジメにそのことを考え始めたボクにとっては、ちょっと気になる劇団のひとつではある。

もう一本は流山児祥が主宰し、四十五歳以上の大人だけが所属する演劇集団「楽塾」の芝居。劇団員（？）はおばさん四人とおじさん一人というヘンな集団で、年一回だけ公演をやる。

「私たちの（原っぱ）は、私たちがとうに失くした時間の中にしか存在しない」と金杉忠男氏は一九七二年に書き（生涯を負け通した人々）を原っぱの演劇を「何もない空間」の演劇を十五年にわたって書きつづけた。突撃板にぶち当たる演技論は、ボクたちにいつもジェラシーを感じさせていた。ボクは「いつか」金杉作品を演出したいと思っていた。三年前に急逝したとき、必ず演《や》る、と決めたことが、やっと実現する、それも「楽塾」でだ。

その金杉忠男の最後の戯曲『花の寺』を流山児祥が、構成・演出した『雨の咲く花』。クラスの花だった子が、ソープ嬢（作品が書かれたときにはトルコ嬢といわれていた）になっていて、その女の子との昔の恋の話が下敷きのストーリー。

むろんそうはいっても、アングラだから、話は一筋縄じゃなくって、結構むずかしい。でも、観ているうちに、それが（生涯負け通してきた人々）つまり最底辺の人々のお話であることがわかってくる。こういうのって、いまどき、はやらないかもしれない。だけど、世の中どんなにIT化が進もうと、人間のふれあいって、所詮、子どもの頃、誰それが好きで、あの子がどうした、こうした、そんなもんなんじゃないだろうか。いつしか、舞台で描かれた時代を知るボクはなつかしい思いにかられながら、芝居に熱中していっていた。

五十歳を越えた（たぶん）おばさんが、役になりきって少女を演じるときは（それはちょっとカンベンしてよ）と思いもしたが、かつて少女だった彼女たちは、未だ経験していない老婆の役よりは数段お上手に少女役をこなしていた。

ま、それはそれとして、（生涯負け通してきた人々）という概念がなくなりつつある現在、おばさん役者に気持ちよく少女をやらせながら、いまの世の中にもまだ、こういう（生涯負け通してきた人々）がいるんじゃないのと問いかける流山児芝居は、面白かった。

ちなみに、前述のチラシの締めに、流山児祥は、こう記している。

〝「アングラ」は「一人称の劇」だったのである〟。

アングラ芝居の何たるかを、いまようやく考え始めたボクには、この芝居を観ただけではその意味がよくわからなかったが、来年の楽塾も金杉作品を演るというから、そのとき、しっかりそのことを検証しながら観せてもらおうと思っている。

第6回　アングラDE癒し

ボクの曽祖父は、田舎に何の娯楽もなかった時代に旅芝居の勧進元をやっていたという。そのDNAが、ボクの体内に残っているのだろう。見世物小屋であろうと、芝居小屋であろうと、原っぱ及び神社あるいはお寺の境内に小さな小屋が立ち、その小屋に幟が上がっている風景に出くわすと、ボクは何故だか無性に興奮してしまう。

近頃そんなシーン、首都圏ではなかなか見ることができなくなっただろうって？　ところがうれしいことにそうじゃない。

二〇〇一年四月中旬から六月初旬にかけて、ボクは東京近郊で六回もそうした風景に遭遇し、胸をときめかせた。おそらく、これがこの時期首都圏で観ることができた野外芝居のすべてだと思う。

以下、いつ、どこで、誰の、どんな芝居を観たのか、ボクのちょっとした感想を含めて記してみる——。

四月十九日、ＪＲ横須賀線新川崎駅下車徒歩十分、新川崎創造のもり横花壇広場内仮設小屋、「ルナパーク・ミラージュ」『火男（ＨＹＯＴＴＯＫＯ）』（作＆演出・翠羅臼）。

町から追い出しをかけられている見世物小屋一座の物語。

人間ポンプの火男をＨＹＯＴＴＯＫＯと読ませたり、時を逆さに廻す観覧車を登場させたり翠羅臼の作劇術はなかなかに上手い。本当に動く手作りの観覧車もお見事だったが、ＴＶ、映画で同じ手法で舞台にドシャ降りの雨を降らせたときには、思わず拍手喝采。運河のホタルも美しかった。

尚、蛇足ながら、座長の息子が一座に戻り、ひょっとこ座をやるという覚悟が、作・演出の翠羅臼のテント芝居への意気込みあるいは決意表明とも聞こえて、これまた拍手。

五月二日、池袋ロサ会館屋上、天幕劇場「劇団桟敷童子」『山猫日記』（作・サジキドウジ、演出・東憲司）。

中島敦「山月記」の朗読で幕が開く。

物語は元教師の元へ「山猫日記」と題された日記帳が届くところからスタートする。

それは元教師と女生徒が交わした交換日記なのだが、元教師にはその記憶がない。

山猫というのは女生徒の夢を背負い込んで生きた者のことで、元教師はかつて背負ったがそれを放棄していた。

詩人にも、虎にも、山猫にもなれない男の切ない物語。

それにしても風俗の街、池袋の飲食ビルの屋上に芝居の天幕小屋が立つなんてなんと感動的なんだろう。

願わくば、ラストがどこのテントでもやる幕が割れ、主人公が去っていくという点と芝居のセオリー通りじゃない屋上天幕劇場独自のシーンであれば尚うれしかったのだが……。

五月十二日、新宿花園神社「唐組」『闇の左手』（作&演出・唐十郎）。

御存知唐十郎の新作。ギッチョの義手を巡って展開する奇妙な人間たちの物語。ここ数年つづいた唐作品のカンテンドーシリーズは極めて難解だったが、この作品はチラシに解説及び物語が記されていて、幕間にそれをチラチラ見ながら筋が追えた。なんだかカンニングしながらって感じも、それがまた楽しかった。ラストは、いつものように幕が開き…、それを腰を浮かして観て「おーっ」歓声を上げながら拍手、拍手。

五月十八日、駒込大観音光源寺境内特設野外劇場（水の天地）、「水族館劇場」『パラダイスロフト―懐かしい夢―』（作&演出・桃山邑）。

寺の境内が戦後闇市の楽園と廃墟が背中合わせの世界に変わり、そこで人間人形たちが蠢きだすＳＦ仕立ての展開。

開場前、幟の立つテント屋根を使った爆竹と歌のパフォーマンスには心が震えた。またラスト近くに宮澤賢治の〝銀河鉄道〟が水の劇場ならではの噴き上げる水とともに忽然と現れ、空に舞い上がっていくさまは圧巻。このシーンを観るだけでもこの芝居を観る価値はあった。

五月二十三日、芝公園プールシアター「黒テント」『メザスヒカリノサキニアルモノ若しくはパラダイス』（作・松本大洋、演出・斎藤晴彦）。

プールが爆音とともに、深夜のドライブインとなり、そこの女主人と少年のまま大人になったボーイ、そこへやってきた長距離運転手四人が繰り広げる、夢とも現実ともつかない奇妙な物語。

夏になれば、ヘソ出しビキニのオネーちゃんが泳ぐプールで野外芝居の観客になるのも摩訶不思議な体験だ。

六月二日、武蔵野線東浦和駅徒歩五分、東浦和第八公園特設テント劇場「劇団どくんご」『踊ろうぜ』（作・飯沼勲、演出・どいの（伊能夏生））。

舞台は板ではなく公園の緑地を背景にした地面。

ここで「一人は寒い、寒いは雪、雪は白い、白いウサギ……」となんとも妙なセリフがポンポン飛び出す不条理芝居。

登場人物は二人の男とどこか別の星からやってきた異星人四人、それに〝ひとのおもさ人形〟。

これだけでもヘンな芝居とわかるが、限りなく〝ダウンタウン〟の松本人志に似た時折旬が、ヘンなキャラクターで笑わせ心をなごませてくれた。

むろん、野外の小屋、もしくはテントで繰り広げられたこれら六本の芝居はすべてアングラ芝居の範疇に入るもので、作者の教養と、こちらのソレとにくい違いがあったり、作者のこだわりがこちらの想像をはるかに超えていたりした場合は、一回観ただけではちょっと難解という作品もないではなかったが、いずれの作品にも、たとえば『火男』の足の悪い見世物小屋の従業員、『山猫日記』の元教師と一緒に教師の田舎へ帰るちょっと頭の足らない男、『闇の左手』では人間ミラーボールだった元スタントマン、『パラダイスロフト』の特殊学級の生徒、『メザス……』のボーイ、そして『踊ろうぜ』の時折旬が演じた男と、現代日本がどこかへ剥ぎ落して、切り捨ててきた者の亡霊、あるいは忘れ形見的な人物が登場し、ボクの心を揺り動かした。

フツーの芝居にも、映画にも、ましてテレビには絶対に出てくることのないこうした男たち。

彼らが、風俗ライターを生業にするボクには、芝居途中から世の中の必要悪として存在する悪場所の娼婦たちと一緒に見え始める。

昭和三十三年四月一日施行の「売春防止法」。この法律で娼婦たちは救われたと思われたが、実際は切り捨てられただけで、あれから四十年以上たったいま、悪場所は巷に拡散し、行政上存在しないはずの娼婦が、街に溢れている。

娼婦がいない世の中がいいに決まっている。だが、いまも娼婦は存在する。

この豊かな国日本に娼婦がいるということはどういうことなのだろう。

そんなことを考えながら、日々風俗の街を徘徊するボクは、アングラ芝居に登場する現代日本が切り捨ててきた者の亡霊あるいは忘れ形見的な人物に、風俗の町の娼婦と同じ匂いを嗅いでしまう。

1＋1＝2じゃない世界。娼婦を含めて、彼たち、彼女たちの世界はそういう世界。その世界に芝居を通して引き込まれ、ハタと気が付くと、ボクの心はこうした人たちに癒されていた。

もしかしたら、どんな高尚なお芝居を見せるより、さまざまな問題をかかえて悩む子どもたちにいまアングラ芝居を観せた方がいいのではないか。

アングラ芝居を観、それに癒されて、そんなことを思い始めていた矢先、「劇団どくんご」の小屋の客席で、何人いや何十人もの子どもたちと出会った。どうやらどこかのフリースクールの子どもたちのようで、時折旬の演技にボクと同じように笑いころげていた。アングラ芝居は、悩める子どもたちに、本当の人間の姿を見せる絶好の場所、子どもたちにこうした芝居を観せていれば、心は癒され案外いじめや少年犯罪の数は減るのではないか。真面目にそう思う今日この頃である。

第7回　死国巡礼

七月に観た三本の芝居は、三本とも〝死の国〟の物語だった。

最初の芝居は七月二日に観た「流山児★事務所」、新宿・花園神社公演『流山児野外オペラ　書を捨てよ、町へ出よう―花札伝綺―』(作・寺山修司、構成&演出・流山児祥）の有料ゲネプロ。公演は三日〜十一日。

一九六七年に初演されたという、死んでいるものが正で、生きているものが邪とする生と死が逆転した〝死の国〟の家族の物語『花札伝奇』。これをストーリーの中心に据え、それに寺山修司の市街劇やラジオドラマをミックスさせて構成された野外オペラで、大正の時代と平成のいまが、新宿・花園神社境内でスクランブル。客席に座り、この芝居を観ているうちに、ボクは、そこがかつてどこかで見た世界のような気になってきた。

ここは、何処だ！

やがて、そこが恐山であると思い始めたボクは、いつしか〝死の国〟の家族の一員となって、死者の側から、この物語を見つめていた。

若い頃なら、死者の側から生者の世界を眺めるのもなかなかに乙なものと、芝居を観終えて総括もできただろうが、ボクも今年五十一歳、この芝居をそんな具合に総括するにはちょっと生々しすぎた。

（死ぬって、一体、どういうこと？）

そんな思いを胸にして観た二本目の芝居は、七月五日「劇団夜行館」、弘前・山観普門院境内、野外芝居『改訂版　幻の黒髪きたり紅き音色の笛を吹く』（作＆演出・笹原茂朱）。

この劇団は、アングラ芝居ファンの間ではつとに名高い「シアター夜行館」の座長、笹原茂朱が、妻であり、「シアター夜行館」の看板女優でもあった阿修舞を一九九五年食道がんで亡くしたのちの一九九八年、青森県木造町で再生させた劇団で、二〇〇〇年四月に初演したのが『幻の黒髪きたり紅き音色の笛を吹く』。

学生時代、新宿・歌舞伎町、西武新宿駅近くの喫茶店ふうミニシアターで「シアター夜行館」の芝居を観たことがあり、このアングラ劇団が東京から四国八十八ヶ所を大八車を引いて巡礼し、その後、津軽へさらにその巡礼の旅をつづけたときの記録集、笹原茂朱・作『巡礼記　四国から津軽へ』（日本放送出版協会）を読み、いまも手元に持つボクとしては、この「夜行館」は、ずーっと気になっていたアングラ劇団のひとつだった。

ついでに記しておけば、去年の暮、ボクは偶然、池袋の古本屋で『笹原茂朱小屋掛け台本集』（新島学園女子短期大学大衆文学研究会出版部）なる本と巡り合い、購入していた。

そんな折も折「噂の真相」のイベントメモに「劇団夜行館」の弘前公演ガイドを目にし、できることなら観に行きたい。そう思っていたときに、「夜行館」からの招待状が舞い込んできた。

そして、そこには、この劇団の研究生であり、制作担当者である千石朱生冬氏からの手紙が添えられていた。一九六九年生まれの氏はアングラ芝居をこよなく愛する青年で、この〝二〇〇〇年にアングラ芝居を探して〟の読者であると記されていた。これだけのことが重なれば、弘前へ行かないわけにはいかないだろう。ボクは期待に胸を弾ませて、弘前に向かった。

期待は裏切られなかった。

舞台は寺の境内。物語は天明の大飢饉の頃。死んだ童女と童子が、この寺の境内にやってきて、

〽これはこの世のことならず……

あの世をのぞきからくりで見せられているような不思議な世界。ボクは、その世界に引き込まれ、なるほど死ぬって、こういうことなのか。芝居観ながら〝死の国〟を体験していた。

尚、この芝居に出演していた〝怪人たふらんけ〟は、その名の通りの怪優で、弘前のねぷたで鍛えられたという見事な肉体はさながらに〝死の国〟の閻魔大王。物凄い迫力だった。

三本目七月二十八日に下北沢「劇」小劇場で観た愚安亭遊佐ひとり芝居『飯沼さんへの手紙』（作＆演出・松橋勇蔵）。

愚安亭遊佐が『人生一発勝負』のひとり芝居で北海道に行ったとき、九十歳の飯沼さんから「死ぬってなあに」と問いかけられた。それをきっかけに〝死の国〟のことを考えつづけた愚安亭遊佐。

さまざまな死にまつわる本の話、恐山のイタコの話がつづき〝死ぬ〟ってサナギが蝶になるような明るい世界であると結ばれる。また魂が浮遊し、トンネルを抜けると、とてもあったかくて明るい世界、それが〝死の国〟だとも……。

説教よりも説経が面白い。そして、それよりも、さらに芝居の方が〝死の国〟のことがよくわかる。団塊世代が死後の世界を考え始める年齢に差しかかっている。アングラ芝居で育ったボクら世代は、もしかしたら、こうしたアングラ芝居で死後の世界を体験するのが、一番わかりやすいのではないか。

三つの〝死の国〟の芝居を観ながら、そんなことを思った二〇〇一年の熱い夏はまた生きながら〝死国巡礼〟をしたような気分でもあった。

第8回　決着《おとしまえ》

〝決着《おとしまえ》に時効はいらねえ〟

学生時代、ボクの脳裡に刻み込まれたこの科白《せりふ》、いつ観た、どこの劇団のなんというタイトルの芝居だったのか、すべてすっかり忘れてしまっているが、ボクは何度となくこの言葉を心の中で呟いてきた。

あの頃、ボクは、いやボクに限らずボクたち誰もが、さまざまなところで闘っていた。

そんな中で、ボクの心に、

〝決着《おとしまえ》に時効はいらねえ〟

この科白が擦り込まれた。

あれから三十年、〝連帯を求めて孤立を恐れず〟だったボクも、ときにはあいまいに、またあるときはいい加減に生きることをおぼえ、むきになって争いごとをしない。いわゆる〝大人〟になって、ここ何年か、いや十何年かをぬくぬくと生きてきている。

そんなボクに衝撃を与えてくれたのが、二〇〇一年九月十一日の、ニューヨーク、世界貿易センタービルへの旅客機の突撃。この日から世界はオサマ・ビンラディン率いるアルカイダVSアメリカの戦争状態へと突入した。

ボクは、ワクワクしながら、その推移を見守った。しかしハタと気が付くと、メディアは覇権大国アメリカの正義を繰り返し伝え、これに異を唱えることはもちろん、アメリカの正義に疑問を抱くことすら邪悪であるというような風潮が作り上げられていっていた。

「安保粉砕、闘争勝利」

三十年前、ボクらはたしかにアメリカと敵対していた。だから、アメリカの正義といわれるたびに（それ、ちょっと違うんじゃない）と言いたかった。だが、前述したように、いまのボクは争いごとをしない、物わかりのいい大人に成り下がっている。

「テロをやるには、それなりの理由があるんじゃないの」

とさえも言えず、重く暗い日々を過ごさざるを得なかった。

この間、風俗ライターを生業にするボクが、やったことといえば、

〝同時多発の快感　両手の花の3Pフーゾクプレイ〟

こんな企画を某週刊誌の企画会議に提出し、同時多発の爆発が快楽であると書き立てるのが精一杯。

折も折、弱い頃から、弱いが故の判官びいきでファンになっていた大阪近鉄が日本シリーズに歩を進めた（ちなみにボクは、ボクらの若い頃のV9でわかるようにあまりに強すぎた巨人、そんな巨人がどうも好きになれず、いつしかアンチ巨人派になっていた）にもかかわらず結局〝いてまえ打線〟はヤクルト相手に、爆発することなく敗退。ボクは、

「よっしゃー」

と、雄たけびを上げることもできず、ストレスはさらにたまっていっていた。

こうして近鉄が日本シリーズで負けた翌日、つまり十月二十六日、ボクは下北沢の「本多劇場」へ。

「流山児★事務所」2001年スペシャル公演『幕末2001』（作・山本清多、演出・流山児祥）を観に出かけた。榎木孝明と南野陽子が出演する大劇場での芝居だったこともあり、流山児流アングラ芝居を観に行くというより、重くて暗い気分を晴らしにタマにはオシャレな芝居でも観てみるかというノリだった。

この芝居は、西南戦争で敗走する西郷隆盛率いる薩摩軍VS政府軍の攻防を、城山の洞く

つショーのアトラクションでやるために稽古しているという設定で、芝居の稽古と現実が入り混じって、物語は展開した。

なに、なに、洞くつでオヤジどんを守って尊皇攘夷。ちょっと待てよ。いま、アフガニスタンの洞くつの中で……。

物語が進むにつれて、榎木孝明、南野陽子のスター芝居が、ボクの中でとんでもないアングラ芝居の様相を呈し始める。

そして、芝居の半ばあたりから、流山児★事務所の青木砂織が演じる女が妙に気になってくる。この女、大将のためなら死んでもいいと繰り返し、ラスト近くで大将が死んだあと、客席に向かって、こんな科白を投げかける。

「わい、行方不明になったる。とことん行方くらましたる」

これは紛うことなきテロリスト宣言！

その科白を聞きながら、こんな時期にこんな科白を堂々と自分の劇団の花形女優に言わせてしまう流山児祥に、ボクは、

「よっしゃー」

連帯のエールを送らずにはいられなかった。

〝決着《おとしまえ》に時効はいらねえ〟

十年前、闘う者はこう宣言して散り散りになっていった。ところがいま、闘う者は、

「わい、行方不明になったる。とことん行方くらましたる」

こう言って散っていかざるを得ない。

こんな時代に誰がしたんだ。いわずもがな、三十年前「時効はいらねえ」と闘いの前線から引きながら、結局その闘いを持続できず、だらしない大人になってしまったボクたちのせい。

「安保粉砕、闘争勝利」

こうシュプレヒコールを繰り返したあの闘い、あの闘いの決着《おとしまえ》はまだボクの中で絶対についてはいない。そして、その決着に時効は、ない。二〇〇一年九月十一日から始まった戦争と、「流山児★事務所」公演『幕末2001』はボクに改めてそんなことを教えてくれた。

決着《おとしまえ》をつけるために、まず物わかりのいい〝大人〟をやめなくては……。

第9回　もの言う人々

二〇〇一年年九月十一日のアレ以降、もの言えば唇寒し秋の空で、心の中では冗談じゃ

ねーと思っていても，グッとその思いを呑み込み〝おかみのやることごもっともです〟が余儀なくされた。

一年たてば……と思っていたら、今度は九月十七日の北朝鮮拉致被害者五人の帰国以降のアレで、ますますもって〝おかみのやることごもっともです〟の強制だ。

それが心地よいと思う輩もいるらしいが、ボクにはどうにも息苦しい。

こんな息苦しい時代にあって、ハッキリものを言っているのが辺見庸。

アメリカの大義のために何をやってもいいと言うのはおかしいではないか、そんな時代だからこそ、どちらの側に立ってものを言うのかがいま問われている、とする氏の新刊「永遠の不服従のために」（毎日新聞社）を読んで、ただいま現在〝おかみのすることごもっともです〟とは思えないボクの立つべきは〝永遠の不服従〟の側と決意する。

で、そんなボクが二〇〇二年十二月八日に観た芝居は紀伊國屋サザンシアターでの「燐光群」＋グッドフェローズプロデュース公演『阿部定と睦夫』（作＆演出・坂手洋二）。

いま、何故、この時期に阿部定なのか？　睦夫というのが小説「八ツ墓村」（横溝正史）などの題材になっている〝津山三十人殺し〟の犯人だということは、プレスシートを読んで知ってはいたが、ボクには阿部定の名前が強烈すぎて、坂手がいま、この時期に阿部定を通して何がいいたいのか、正直その真意がわからぬまま石田えり主演のこの芝居を観に出かけた。

公演パンフレットを見て、ビックリ。そこで坂手は自らの出自をカムアウトし、この芝居に対する意気込みを熱く語っていた。現実には出会うことのなかった定と陸夫の物語で、ここ何本かの坂手芝居で多用される芝居のストーリーと劇中劇が能舞台のような空間で幾重にも絡まり合うという展開だ。

男のイチモツを切り取るという行為で自らの思いをつらぬいた定と何人もの女と関係を持とうとして果たせず、その結果祖母を含む三十人の地域共同体の人たちを殺すことによって自らの思いをつらぬいた睦夫。ウーン、たぶん吉本隆明の「共同幻想論」に書かれていた対幻想と共同幻想って、もしかしたらこういうことだったのか、そんなことを思いながら舞台の筋を追っていた。

に、してもやはりどうしても、坂手が何故いま、阿部定を取り上げたかったのかがわからない。阿部定の事件が起きたのは昭和十一年で、その翌年に盧溝橋事件、阿部定事件と軍靴の音の関連はもう語りつくされている。だから、何をいまさら、坂手が……である。

そのとき、舞台で睦夫の三十人殺しが始まった。ピッシ、ピッシと人が死ぬ。そして最後に睦夫が自爆。

あっ、ボクはハタと気が付いた。なるほど坂手がいま、この睦夫の物語をやろうとした意味がようやくわかった。

坂手洋二も間違いなく不服従の側に立って〝もの言う人〟のひとりである。

翌日、ベニサンピットに「流山児★事務所」公演『盟三五大切《かみかけてさんごたいせつ》』（原作・鶴屋南北、脚本・山本清多、演出・流山児祥）を観に出かけた。

二〇〇一年の晩秋、山本清多、流山児祥のコンビで上演した『幕末２００１』で青木砂織が、

「わい、行方不明になったる。とことん行方くらましたる」

こんな科白を吐いたとき、ボクは拳を握りしめ、この虐げられし者のテロリスト宣言に感動した。あれから一年。今度は何を観せてくれるのか？　もちろんボクは流山児も〝永遠の不服従〟の側に立って、〝もの言う人〟だと思っている。

流山児かぶきとサブタイトルが付いたこの芝居、お岩と伊右衛門のあの科白、

「首が飛んでも動いてみせるわ」

を聞いたとき、ハタと気づいた。これもまた、見事な自爆テロ宣言。ちなみに流山児かぶきは、大義といいつつ実はカネのために人と人とが殺し合うというもので、二十一世紀のいま、アメリカの大義も実は……という裏目読みができる展開で拍手！〝永遠の不服従〟を決意し、〝もの言う人〟になろうと思って世の中を見渡すと、いろんなところに友はいた。

この世はまだまだ捨てたもんじゃなさそうである。

第10回　素敵なカウガール

二〇〇三年二月十五日、ボクはアメリカのイラク攻撃を止めさせようと「反戦演劇人の会」の旗のもと、渋谷・宮下公園に結集し渋谷の街を「戦争反対」と声を上げて歩きながら、三十数年前のことを思い出していた。

一九六八年、ボクが上京した頃の東京は、ベトナム反戦運動と学園闘争、それに七〇年反安保闘争の真っ只中で、街にはデモが溢れていた。当時、デモに参加した若者は、第二次世界大戦後の混乱期に生を受けた、いわゆる団塊の世代だった。その世代の最後尾に位置するボクも、そうするのが当然という思いでデモの隊列に身を置き「安保粉砕、闘争勝利」のシュプレヒコールを上げていた。

あの闘い、あれは何だったのかといま聞かれると、ボクは戦争体験者であるにもかかわらず、戦争に対する明確な総括ができず、結果、生きていくための指針を喪失したままボクらを育てた父親の世代に対するボクらの世代からの「NO」の闘いだったと、答えている。

もちろん、この答えがボクらの世代すべてに「その通り」と受け入れられるとは思っていない。あくまでもボクなりの答えである。ま、それはともかくとしてこの闘いは、その後党派の主導権争いや、闘争そのものの過激なエスカレートなど、いろんなことが重なって一気に勢いを失くし、敵権力に対する異議申し立ての手段であったデモも街から消えていった。このとき、ボクらの世代は大変な過ちを犯してしまう。戦争の総括をしない父親世代にあれほど「NO」を突きつけておきながら、ボクらもまた父親世代と同じく闘いに対する総括をすることなくその後、ズルズルと生きることを選んでしまうのである。

そしてボクらが、かつてボクらが「NO」を突きつけた父親の年齢とほぼ同じ年齢に達したとき、カウボーイ、ブッシュのイラク侵攻の悪企みが発覚する。そのとき、小泉日本はただただそれについていくだけ。

こんな日本にしたのは、もちろん、ボクらの世代の責任である。

ボクらの世代は、子どもたちの世代から「NO」を突きつけられても当然であった。ところが子どもたちの世代はというと、ボクらが、異議申し立ての手段、方法を教えなかったこともあって、ボクらに対して「NO」を言わないばかりか世界的な反戦デモの盛り上がりが伝えられても、日本ではなかなか反戦デモが盛り上がらない。こんなんじゃ、この国はもうダメなんじゃないだろうか？

そんな思いにかられ始めていた三月十二日、下北沢「劇」小劇場で観たのが「流山児★事務所」新進気鋭若手公演『コズミック・ブルース』（作・すぎやまたろう、演出・小林七緒）。

六人のカウガールの踊りで幕が開く。物語は銀河系の中で消息を絶った宇宙船の中で展開する。この船には船員四人と地球防衛軍戦士を名乗る二人、計六人の女性が乗り合わせていた。

ところが、この地球防衛軍を名乗る女戦士は、実は銀河系内の戦争である星を追われ宇宙の海賊として指名手配中の男の娘とその部下だった。

何やら、地球の中東にそんな人たちがいたような……。

ついでに記しておけば、宇宙船の四人は日本の囚人たちで、この船がある星にだ捕されかかるが乗り合わせた七人の女性（このとき戦士の一人が女の赤ん坊を妊娠していることが発覚する）は戦いをせずに逃げることを選択、逃げて逃げて逃げまくり、見事に逃げ切ってしまう。

そして、ラストにもう一度とっても素敵なカウガールの元気な踊り。

なるほど、カウボーイ、ブッシュは人殺しの戦争大好きだが、カウガール六人は、人を殺さず、人を産み育てるために、逃げることを選びとったというわけか。

ン！ ちょっと待てよ。もしかしたら、人類が戦争を止められるとしたら、弱肉強食の生き方しかできない男から女へ、権力を委譲するしか方法はないのかもしれないぞ。『コズミック・ブルース』はボクにそんなことを教えてくれた。

尚、この作品を演出した小林七緒は「流山児★事務所」の主宰者で「反戦演劇人の会」の呼びかけ人でもある流山児祥が育てた若手の女性演出家である。念のため。

しかし、ボクらの「止めよう」「止めよう」の声もむなしく、三月二十日開戦。三月二十一日、ボクは五万人が参加した芝公園から銀座へのデモに参加、見渡せば気のせいか「戦争反対」を叫んで歩くのは若い男より圧倒的に若い女性が多いようだ。この女性たちの子どもたちが大人になる二十年後、三十年後、地球から戦争という概念が消えていて欲しい。そんなことを思いながら「NO　WAR」と声を上げボクは銀座の街を行進した。

第11回　虹の彼方、テロリスト・アタを確認する

絶対的に強い者が、弱い者にいちゃもんをつけ無理矢理痛めつける姿を見て何が面白いのか？

弱者が強者に挑むからこそ見てて面白いし血肉が躍る。

イラク戦争、あれは何だったのか？

絶対的に強いアメリカが、たしかにいろいろ問題ありとはいえ、喧嘩をしたら大人と子ども、最初から結果がわかっているイラク相手に〝真っ向〟勝負して勝ったのだ。

ハナから勝ち負けがわかった試合を見せられるぐらい、つまらないものはない。二〇〇三年、全くもってつまらん戦争を見せられてしまった。

ところが、そんなふうに思っている日本人はどうも少数派のようで、強者が弱者をぶちのめすのに賛成と手を上げた日本国の総理大臣を支持する者が、五〇％を越えている上に、強者派VS弱者派で争われた都知事選では、マッチョな慎太郎が圧倒的な支持を得て、再選されてしまった。

「つまらん、お前の話はつまらん」近頃、よく目にする大滝秀治のＣＭではないが、ここんところ、この国は、ことほど左様につまらん話ばかり。

こんなときだからこそ、面白いアングラ芝居が観てみたい。

と、いうわけで、四月、五月といろいろ観て廻った。

あるところが９・11のことをやると知ってメチャ期待して出向いたら、虐げられた者の視線ではなく、どこかでコーヒー飲んでる恋人同士の目線で９・11が語られて、テロリスト・アタに「あんたは間違っている」。

そういう目線で9・11の描き方もあるのだろうが、「つまらん、あんたの話はつまらん」。観終わって、ボクはわざわざ足を運んだ北千住の町をぶつぶつひとりごとを言いながら、アチコチけりまくっていたことをいまもハッキリおぼえている。

もちろん、血肉が躍った面白い芝居もあった。

5月一日、中野光座で観た「劇団桟敷童子」『煙突野郎』（作・サジキドウジ、演出・東憲治）。

戦後、焼跡の日本で煙突掃除をする虐げられた子どもたち。ある日、それまで無抵抗だった子どものひとりが、初めて石を投げ返して抵抗する。それがキッカケで町の人々と子どもたちは対立する。このとき、煙突野郎の頭領もみじはわざと煙突をつまらせ、工場を破壊する。

ところが、それから十数年後、その頭領が生きているという噂が流れる。会社側はもみじ狩りを始めた。と、ニセのもみじが……。

裏目読みすれば、ウサマ・ビンラディン VS アメリカの構図が五十年前の日本で見えていたという仕掛け。

当然、この劇団は虐げられし者の側に立って物語を展開させる。

実は工場を破壊したのは会社そのもので、煙突野郎の頭領がやったというのはデッチ上げだった。

あの9・11は、実はアメリカの……。

こんなそんなで、ストーリーも心地よかったが、それより何より一番の感動は、そのラストシーン。

弱い者が強い者に挑み、そのラストに〝もみじの虹〟が現れる。これがなんとも美しくって泣かせてくれた。

五月十六日、駒込大観音光源寺境内特設野外劇場（水の森）で観た「水族館劇場」『虹の都』（作&演出・桃山邑）にも胸をドキドキさせられた。

イヌイットの皮はぎの登場で幕が開く。

その獣たちの霊が漂流している山谷の養老院に一人の女が流れつく。

女が持つ〝月の母の石〟は、弱い者が一番美しい戦いのない国へ誘う方舟を呼ぶと伝えられていた。この石を巡って、ブラジルの勝ち組負け組も登場、物語はアングラ芝居ならではのきたなくってキレイな人たちが次々に現れ、進行していく。むろん、「水族館劇場」だからできる水を使ったアレコレもあって、ボクは身体を火照らせながら舞台に熱い視線を送りつづけた。

ラストシーンは方舟に乗った女に七色の虹が当たり、その中を水しぶきを上げて駆け昇っていく方舟と女。

結局、虹の都に到達しえる者は、虐げられつつも、しっかり生きた弱き者という展開で、つまらん戦争に辟易していたボクの心は「水族館劇場」ならではの弱き者への熱い思いと、その美しいラストシーンに十二分に癒され、拍手喝采を送ったのだった。

「つまらん、お前の話はつまらん」

強い奴が勝つことが正義だと思い込んでいるこの国につまらんという思いをつのらせている人は、騙されたと思って「水族館劇場」の芝居を観るといい、きっと目からウロコが落ちるはずだ。そして……。

第12回　心刺し

七、八月と四本の芝居を観た。いずれもアングラ芝居で、それなりに面白く観せてもらった。
まず一本目は七月六日、新宿・花園神社、「新宿梁山泊」公演『唐版風の又三郎』（作・唐十郎、演出・金守珍）。一九七四年、東京、夢の島で「状況劇場」が上演した芝居が三十年の時を経て再演された。

一九七〇年代という時代が戦争を引きずっていた時代だったということを改めて知らしめてくれる芝居で、ウーン、なるほど、なるほど。七〇年代のあのアングラ芝居の熱気とわい雑さがなつかしい。そんなことを思いながら観ていたボクの前に、演出の金守珍は、特攻隊の突撃映像の中に突如として、あの9・11、ニューヨークの世界貿易センタービルに飛行機が突っ込む映像を挿入する。

このシーン、これだけで、この芝居を三十年ぶりに再演した作り手の意思を感じ、熱い拍手。

七月十一日、中野光座で観たのが「独火星」公演『東京難民戦争外伝　九龍の蛆虫ども〈第二部〉虚無への供物』（作&演出・池内文平）。

劇場を占拠したゲリラが、その劇場で殺される。で、そこで殺された者たちの視線で、この芝居は進行する。

つまり、死者の世界から見た、現実の世界という構図。もっと平たくいえば、使者と生者の合わせ目の世界を巡る旅物語で、このゲリラが占拠し、そして、殺されてしまった劇場と通底するところに、砂嵐を駆けるゲリラの戦場、つまりイラクの戦地があると読める展開。

ちょっと難解。だが、ラストに映し出される9・11に亡くなった人の家族の中で、断固

としてイラク戦争に反対する家族の映像を見たとき、

（そう、この芝居って、こういうことを言いたかったんだよな）

すべてがわかり、アンチブッシュ、アンチ小泉の思いを改めて強くする。

七月十九日、下北沢・本多劇場、「流山児★事務所」公演『書を捨てよ、町へ出よう〜花札伝綺２００３〜』（作・寺山修司、演出・流山児祥）。

市街戦の手法を取り入れ、街を巡って劇場へたどりつくと、死者の世界から現実の世界を見た花札伝綺の物語が始まる。で、この芝居のキーワードは世界の涯。二〇〇三年、世界の涯で何が起きているのか？

流山児祥は映像演出に少年王者舘の天野天街を起用、いま世界で起きている戦争シーンを繰り返し、繰り返しスクリーンに流しつづける。

その数百五十発の赤い炎の爆裂、戦争シーン、このドカン、ドカンの赤い炎は、街を巡って二〇〇三年世界の涯に来てみれば、そこでは人と人とが殺し合う戦争がおっぱじまっておりまっせという流山児からボクらに対するメッセージだと受け取って、やはりアンチブッシュ、アンチ小泉を再確認。

そう、この三つの芝居では、期せずして随所に映像が挿入されていて、それがいずれの芝居でも戦争、あるいは9・11がらみだというところに作り手の世界との向き合い方、また芝居に対する志がかいま見える。

もちろん、その〝心刺し〟はボクの心に痛みとしてチクリチクリと伝わり、ボクはそれをしっかり受け止めたことはいうまでもない。

八月二日、下北沢・駅前劇場で観た芝居は、いまチケットを購入するのも大変な超人気アングラ劇団「毛皮族」の『実録‼ ヌッポンオエロケ犯罪歌劇「夢中にさせて」』(作&演出・江本純子)。

どんな芝居を観せてくれるのか? 心踊らせ出掛けてビックリ。客席は若い女の子が多く、何やらアングラ宝塚ふう。

幕が開く。作・演出の江本純子のワンマン芝居で、彼女が上半身裸になって、やはり上半身裸の美人の女優さん相手にキスの嵐。アングラ宝塚というよりレズ宝塚。こりゃ若い女の子に受けるのも当然だ。それはわかった。

だけど、阿部定、小平義雄、梅川昭美、佐川一政、林真寿美、山田みつ子、永山則夫、重信房子、クソもミソも一緒くたににした物語展開。こりゃ一体何なんだ。

たしかにわい雑でエネルギッシュ。七〇年代のアングラ芝居ふう熱気はあるが、ボクには作り手の志が全く見えてこなかった。どうやらこの劇団は、いくら超人気でも、ボクの心をチクチクさせてくれる〝心刺し〟のある劇団ではなかったようだ。やっぱりボクが観て、もう一回観たいと思うアングラ芝居にはチクリチクリと観客の心を刺してくれる〝心刺し〟のエキスが絶対に必要不可欠のようである。

第13回　ポチ

小泉純一郎、福田康夫、石破茂、日本の政界というのは伝統芸能の世界と一緒なのか。どいつも、こいつも二世、三世。

ま、それでもちゃーんと一般大衆のために、いいことをしてくれるのだったらよしとしよう。

ところがどうだ。この世襲議員ときたら、国民に何らわかる説明もしないで、日本が五十年近く封印してきた〝軍隊〟を外国へ出すことを決めてしまった。

こうしてアメリカの二世大統領の忠犬ポチに成り下がった小泉三世は、大義のないイラク戦争へ実質、日本を参戦させてしまったのである。「いづれの国家も、自国のことのみに専念して他国を無視してはならない」こう憲法前文にあるから、自衛隊をイラクに出すんだって……。

だったら、別に憲法改悪することねーじゃねーか。ところがこのデタラメ首相は、そんなことサラリと忘れて、そう遠くない将来、憲法改悪を言いだすに決まっている。

もちろん、それも大問題だけど、いま、それはペンディング。それよりも、一体、この忠犬ポチ首相は戦争をなんだと思っているのだろう。本当に戦争ってなんだかわかっているのだろうか。軍事おたくを防衛庁長官にするぐらいだから、戦争というのは〝大量人殺し〟バーチャルゲームとでも思っているのかもしれない。

おいおい何を書いているんだ。そんなことよりアングラ芝居の話だろうって。

日本が戦争に突入しているこんなときに、チャラチャラ芝居なんて観ていられないなんていうのはもちろん嘘。

九月、十月、十一月と知り合いが出演したり、ちょっと気になっている劇団の芝居を何本か観せてもらった。

ボクの中では、芝居をやっている人たちって世の中の動きに一番敏感で、こういう御時世には素早く反応する人たちだという思い込みがある。ところが、こんな時代だというのに……。

そんな中で一本、オペラが大好きだというポチ首相に絶対に見せたい芝居があった。

十一月一日、ＪＲ中央線東小金井駅北口広場・特設ＤＯＭＥテント「野戦の月＝海筆子」公演『阿Ｑクロニクル―罠と虜』（作&演出・桜井大造）。

逆さ吊りになった男が登場し、この芝居の世界は時間と空間が、ある瞬間入り乱れる〝つかのまの入会地〟であることを暗示させて、物語は始まる。

そこは東京の立川でもあり、また台湾でもある。時は五十年前の朝鮮戦争の時代と二〇〇三年、現在とがスクランブル――。

芝居のチラシに書かれたコピーによれば、台北のダウンタウンに、蒋介石国民党の元兵士たちが集まる寺があるのだという。

例えば、そこに集まる元兵士の一人は、強制的に国民党に召集され、共産党軍によって〈虜〉になり、その後朝鮮戦争に参加、二度目の〈虜〉となる。捕虜交換のとき、大陸ではなく台湾への帰還を希望、台湾で軍隊生活、退役していま福祉施設暮らし。

そうした元兵士にとっての戦争とは……。これがこの芝居のテーマ。

テーマがテーマだけに、かなり難解だが、「戦争という絵の裏には、文字で書かれた無辜の民の生活がある」。

ラスト近くに、そんなふうなセリフがあり、それがキッチリと形となって舞台に現れる。

たぶん、いやきっと、文字、数字で送られたデータが写真になるカメラ付き携帯電話のノウハウからヒントを得たものだと思うのだが、パッチワークを作り上げた人間の知恵とからめて舞台に戦争というものが一気に形となって出現する演出は、戦争とはどういうことなのかどういうものなのかが、一目瞭然で、それは凄い。

政治を職業にする二世、三世世襲議員じゃわからない、普通の人々にとっての戦争の本質。このテント芝居を見れば、ポチにだって、軍事おたくにだってそれはわかるハズ。だけど、どうしてこうしたアングラテント芝居の劇評って、大新聞の文化欄に載らないのだろう。

レベル？　十分にドラマティックでドキドキさせてくれて面白い。思想性？　そんなことをいっているから日本は戦争は突入するハメになってしまうのだ。むろん、こういう芝居の劇評が大新聞にキチンと掲載される日本であればポチが総理大臣になってない。そう思うのはボクだけだろうか。

第14回　不義うちたいな　運動の演劇か？　革命の演劇か？

〽うちたいな　うちたいな
　天にかわりて
　　不義うちたいな

大義のないイラク戦争を始めたアメリカに追随して、自衛隊派兵までしてしまった日本。

それに「NO」を突きつけることもできない日本。で、この国でいま一番の関心ごとといえば、団塊世代の老後の暮らしだというのだから平和ぼけしているとしか言いようがない。

そんなさなかの二月十五日にスペース早稲田で観た芝居、「流山児★事務所」二〇〇四年若手公演『鼠小僧次郎吉』（作・佐藤信、演出・流山児祥）で歌われていた次郎吉のテーマの歌がコレ。

それからというもの、団塊世代の最後尾にぶら下がる五十四歳のボクは、

〽うちたいな　うちたいな〜

この歌を時々口ずさんでいる。

一九六九年に佐藤信によって〝運動の演劇〟として書かれたこの芝居の台本には形而上的な物と形而下的な物が一緒くたに書き込まれ、七〇年代アングラ芝居のもつわい雑さがメイッパイちりばめられている。

ところでどうして初演から三十数年後のいま、流山児祥は再びこの芝居をやろうとしたのだろう？　この公演を観てその理由がハッキリとわかった。これは流山児祥のボク、あるいはボクら団塊の世代に対する優しいアジテーション、少なくともボクにはそう思えた。

これまでどこの会社にも属さず、フリーターの先駆けのような暮らしをつづけて四半世紀、若い頃、国民年金を払う金銭的余裕などあろうはずがなく、老後おかみから一銭だっ

てもらえない年金棄民のボクにとって、年金制度の改正がどうのこうのなんて、全く何の関係もない。だから、そんなことより、イラクの戦争だったり、憲法九条の方が絶対大事だと思うのだが、どうもあのバブル経済以降、日本人は形而上と形而下を一緒くたにすることすらできない民族になりはててているようで、何たって金が一番、だから老後イコール金つまり年金というふうにしか問題がたてられないようになっている。じゃ、年金棄民のオレなんかは老後をどう生きればいいの？

そんなこんなで日本がおかしい、日本の老後がおかしいと思い始めていた矢先に観たのがこの芝居。

実はこの芝居では、革命とは〝生活を変えること〟ということが繰り返し語られる。この〝生活を変えること〟は易しそうだが実は非常に難しいことでそれ故に革命はむずかしいということになるのだが、全くもってその通りだと思う。

だが、だからこそ五十四歳のいま、この年齢だからできるかもしれないとボクはひたすら〝生活を変えること〟を希求している。そんなボクには、この『鼠小僧次郎吉』はメチャためになった。

できることなら、この芝居を、いまもう一度団塊の世代のみんなに観せられないものか。三十数年前、頭でわかったが、実際できなかった〝生活を変えること〟が、老い先短いいまなら、もしかしたらできるかもしれない。そんなふうになったら……。

おい、おい、何を馬鹿なことを……。すでに鬼籍に入る人も出始めている団塊世代に一体どこでこの手の芝居を観せるのか？

実はそこが狙い目！

いま、団塊世代もボク流の言葉でいえば、〝お寺さん〟と親しくなり、そこで生きてきた人生をそして死後の世界を考える年代になりつつある。もちろん、だからといって、ボクら世代に〝お説教〟を聞く耳を持つ人はたぶん少ないはず。

ではどうするのか？

そんな人たちにとって『鼠小僧次郎吉』のような形而上的な物と形而下的な物が一緒くたにしかも結構エロチックな形となって現れるアングラ芝居はいろんなことを考えるテキストとしてまさにうってつけ、そんな芝居を観ながら、生きてきた人生とこれから向かうあの世のことを〝お寺さん〟で考え〝生活を変えること〟を実践するというシステムが団塊世代にできるとしたら、これは面白い。

軟弱な若者が増えている。だったらジジババが年金に頼って細々と生きるなんて発想はやめ〝生活を変えて〟元気に生きるしかないだろう。そして、

〽うちたいな　うちたいな～

ジジババが寺でこの歌を歌えば、世の中変わる。

そんなことを夢想し、アングラ芝居の寺廻り興業がやれないものか、やれるとしたらその方法は、などなどを真剣に考え始めている今日この頃。誰か一緒にこの企画進めませんか？

第15回　悲惨な痛み

「痛みに耐えてよく頑張った。感動した」

などと言いながら、結局は人々に痛みだけを押しつけ、ついにはみんなが痛みに耐えなければいけない戦争へと日本を引っ張り込んでいってしまった小泉純一郎。

この男に本当の人の痛みというものがわかっているのだろうか？

戦争、戦《いくさ》というものがどんなに人に痛みをともなうものかわかっているのだろうか？

そんなことを考えながら右傾化が進み、管理化が進んで、なんとも息苦しくなっていく日本の日々を生きている。

それにしてもどうしてあんな小泉や石原慎太郎がかくも多くの人々の支持を集められるのだろう。

いまの時代、ものは言わないより言った方がいい、行動は力まかせだってやらないよりやった方がいいと考える人が多いようで、みんなが強い者にあこがれているように思えて仕方がない。

そんな時代だから、戦なんてない方がいい、痛みの伴う人生なんてロクなもんじゃないと考える人、あるいは人たちと会うと心が癒される。

二〇〇四年六月に、そういうふうに考える若い人たちの芝居を続けざまに二本観ることができた。

一本目は六月十九日、錦糸町すみだパークスタジオ31号倉庫内特設劇場で観た「劇団桟敷童子」公演『可愛い千里眼』（作・サジキドウジ、演出・東憲司）。

随分と遠い昔、人々が戦に明け暮れていた頃の話。人の心を見、まだ見ぬ未来を見る千里眼を持つ少女がいた。

人が人を殺し合う戦に明け暮れる人たちにとって、それがたとえ偽物であっても一瞬先が見える者を近くに置いていることは心の安らぎである。

従って、戦はいつしか千里眼の少女を自らの陣営にいかにしてつけるかの闘いになっていく。

大義のないイラク戦争を仕掛けたアメリカは、一寸先が見えなくなり、イラクが大量破壊兵器をもっていてそれを使おうとしているから戦争を仕掛けたという彼らの大義のために詭弁を弄したことを知るボクは、この芝居を観ながら古今東西、人間という者はこと戦に関しては、ほとんどなんのシンポも変化も遂げていないことを思い知る。

ちなみにこの芝居のラストは、この劇団ならではの大向うをうならせる仕掛けが用意されていた。

外山博美が演じる千里眼が最後に見る世界、そこは刀を捨て殺し合いのない国で、赤い彼岸花のような風車《かざぐるま》が風を受けて舞いつづけている。だが、悲しいかなその国は彼岸。美しいクライマックスシーンは、人は生きている限り、悲惨な戦いをしつづけるしかないということを示唆していた。

二本目は六月二十五日に下北沢駅前劇場で観た「ポツドール」公演『激情』（脚本&演出・三浦大輔）。

幕が開いてまず驚かされるのはその舞台装置。

設定は日本の寒村。若い男の雑然とした寝室がとにもかくにもリアルに造られている。そこで男と女の舌をからませてのキスシーンがこれもまたリアルに繰り広げられる。

話は不況のせいでオヤジとオフクロが首吊り自殺をし、残された借金まみれの〈オラ〉は働く気をなくしてしまう。その〈オラ〉の楽しみといえば農協勤めの人妻を自分ちへ連れ込んでのセックスだけ。

ちょっと悲惨だが、どこの寒村にいても不思議じゃない。そんな〈オラ〉と〈オラ〉を取り巻く男と女の二〇〇四年の夏の銭がらみ、セックスがらみの日常がリアルな寝室とリアルな居間で淡々とまるでドキュメント映画のように展開する。

彼らは一体、何を伝えようとしているのだろう。

観客がそんなことを思い始めたあたりで、物語は二〇〇四年の冬へ飛ぶ。

〈オラ〉は一緒に暮らすようになった農協に勤める女から安藤玉恵が扮する自堕落な〝やりマン〟女に乗り換えこの女とのセックスにうつつを抜かすようになり、夏の前向きな生活から少しずつ、ズレ始めていく。そして気が付くと〈オラ〉のまわりの人すべての人生にも微妙なズレが生じていて、心はすさみ、言動は暴力的になっている。役者同士の殴る蹴るもリアルそのもので、舞台にはいつしか殺伐とした空気だけが……。

（小泉さんよ！　あんたがやっている構造改革の痛みの内実というのはこういうこと）

ボクは二十八歳の若い作者がドキュメンタリー映画の手法で、リアルに提示した日本の寒村の悲惨な痛みを目の当たりにして、幕が降りても拍手することを忘れ、しばらく客席でただただうずくまってしまっていた。

こういう若い人がいる限り、日本もまだまだ捨てたもんじゃない！

第16回　血腥《なまぐさ》く

一九七〇年代前半、これからどうやって生きていけばいいのかわからなくなっていたボクは、ひたすら場末の映画館に通って、スクリーン上のいろんな人の生きざまを見ながら自分の生き方を探っていた。その頃、やたら通ったのが新宿駅南口にあった〝昭和館〟。

獣園に影を慕いて一本の美樹〈昭和館〉内赤色炎上《エロス》

当時作った短歌である。あの頃、ボクは杉本美樹、池玲子主演、鈴木則文監督の〝女番長シリーズ〟が大好きだった。

あれから三十年。〝昭和館〟は〝ケイズシネマ〟に変わり、ボクは、エロスは炎上させられなかったが、単数のエロの炎上だけは、曲がりなりにもやり遂げてそろそろ老後をどう生きるかを考える年齢に差しかかった。

生き方を考えるには、映画、芝居を見るのが一番、そう考え近頃、映画、芝居の情報誌を見る機会が増えてきた。そんなボクの目に『女番長メス猫ブルース』という芝居のタイトルが飛び込んできた。なんともなつかしい不良性感度抜群のそのタイトルに心が躍った。なにはともあれ見てみよう。と、九月十三日、新宿サンモールスタジオに足を運んだ。

「サッカリンサーカス」公演『女番長メス猫ブルース』（作&演出・伊地知ナナコ）は江戸川と立川の女番長の抗争の物語だった。江戸川の女番長は実は性同一性障害で、新宿のヤクザの組長の次男。対立する立川の女番長についたのがその兄。この二人、親が築いた組を継ぐことを拒否しつつ、新宿で新しい組織を立ち上げようと目論んでいた。そして結局はヤクザ映画、女番長映画のセオリー通りの意地の張り合いでニッチもサッチもいかなくなる。

うれしいことに映画〝女番長シリーズ〟のように、マジメなウラ番長役の可愛い女優のパンチラもある。ま、それはともかくとして、そんなこんなで事態が膠着状態になり、ストーリーも役者たちも舞台上をグルグルグルグル回り道。

なんか、いまのニッポン低国の権力抗争さながらのていたらくに「悩んでばかりじゃ始まらない」と、この兄弟の母親（実はこのカーちゃんは、出稼ぎの外国人になりすまして江戸川の女番長の手下としてもぐり込んでいた）がドカンと爆弾仕掛けて一挙に事態を解決させてしまう。権力には徹底的にさからい、おちょくり喧嘩を売った鈴木則文監督〝女番長シリーズ〟のポリシーがしっかり受け継がれたこのアングラ芝居を観終わってボクは、三十年前に映画を見て味わったのと同じスッキリソー快な気分で思わず「異議なし」と心の中で叫んでいた。

「女体道場・炎情」公演『芝浦食肉センター』(作&演出・女体道場) の公演ガイドを目にしたときも心（このときはカラダの一部も）踊り、九月二十日、新宿タイニーアリスに出向いていた。

物語はさえない公務員が、バツイチの良家の子女とお見合いをする場面から始まる。十三年後、この男はハローワークの所長になっていた。舞台では、この所長の話と、小学六年生の社会科見学をパン工場にするか、食肉センターにするかを巡る小学生の「朝まで生テレビ」のパロディ討論会が交互に展開する。

この二つの話、何の脈絡もなさそうに思えるのだが、実は小学六年生でやたらと戦争好きの悪ガキは、妻が離婚前にヤクザの前夫との間にできた、この公務員の息子なのである。このガキは、豚の血がぶっ飛ぶさまを想像して食肉センターの見学を喜んでいる。

さて、ハローワークの所長はというと、子宮をとったというさえない女子職員と同病相憐れむでできてしまう。

そして、ここからこの芝居は作・演出が〝女体〟であればこその結末へと向かって進んでいく。食肉センターへ一番行きたかったのは、食肉センターに勤める父親を持つ娘だったという件があり、そこに差別の問題も入ってこの集団のスタンスも見えかくれする。それよりなりよりボクをビックリ仰天させたのはそのクライマックスシーン。実は食肉センターは、近代的設備が整っていてそこでは豚の血は飛び散らないし、そこで働く人も返り血を浴びない。豚は〝死にざま〟も、誰にも知られないまま死に至る。そんな馬鹿なことがあってなるものか。〝死にざま〟は〝生きざま〟同様大切なのだ。もちろんここで終わっても十分に説得力のある芝居になっているが、この作品の作者はこのことを、妊娠中絶させられる女子職員に置き換える。

ラストは、焼肉屋で食事をする親子をナイフでブスリとやる女子職員。血に染まる父と子。そういえばこんなピンク映画、三十年前に見たような……。

ボクはそうした映画から、返り血浴びても人間らしい〝生きざま〟を学び、四半世紀生きてきた。そしていままた、そのことをアングラ芝居で再確認。

う～ん、やっぱりそうか。よし、そうとわかれば、老後もこれまで同様返り血浴びても血腥《なまぐさ》く、生きていこう。

第17回　ジェネレーションギャップ

観に出かけた公演で受け取ったチラシの中から気になる公演を観るという方式で、二〇〇四年の秋から年末にかけて三つの若手の芝居を観た。

まずは、前々回のこのコーナーで書いたドキュメント映画さながらにリアルなセットを作り、その空間の中で物語を展開させる「ポッドール」の十月八日、三鷹市芸術文化センター、星のホール公演『ＡＮＩＭＡＬ』（作&演出・三浦大輔）。前回の公演で日本の寒村の悲惨な痛みを舞台上でリアルに描いて、見る者に強烈なショックを与えてくれた。今回はどんなカルチャーショックをもたらしてくれるのか？

舞台は十数人の若者がたむろしラップで踊りまくっている橋の下の土手。セットは前回同様にリアルそのものでちょっと凄い。五分、十分、十五分と、若者たちが群れて、たむれている。そして、そこで人が死ぬ。だが、役者の会話は全く客席には聞こえてこない。もしかしたら……。予感が的中。結局、観客は全く役者の科白を聞かないまま、舞台は終る。これは一体、何なのだ。チラシを見ると、作・演出の三浦大輔が〝「なんかちょっと、人の痛みとかわからない」人から怒られるのが、ほんと嫌いです。人から怒られるとわかった瞬間、ほんとに死にたくなります。でも人が怒られてる様子を傍から見るのはほんとうに大好きです。怒っている人が、一通り、怒り終り、「素」の自分に戻るきっかけを探しているとき、僕は祭りが終ったのと同じくらいの脱力感に襲われます。「あ〜あ、終ったんだ」と、とりあえずそんな芝居です。よくわかりませんね。どうぞ、よろしく〟こんなふうに記している。

前回の公演『激情』を観て、ボクは日本の寒村の痛みがわかったような気がした。だが、やっている側はそんなことをわかってもらおうと思って、あの芝居を、やっていたのではなかったようである。

次に観たのは十一月三日、新宿グリーンタワービル横特設広場の「庭劇団ペニノ」公演『黒いOL』（作＆演出・タニノクロウ）。野外に作られた劇場へ入ると双眼鏡が渡される。幕が開くと、舞台の奥に炭鉱の跡地のような汚水だらけの廃墟がリアルに造られている。

女性たちがパンストを汚水で洗い、干していく。観客は、ただただその動きを見つめるのみ。舞台装置と音、それに役者の動き、それらから客は何かを感じなければならない。アジアを感じろといっているのだろうか？　それとも何十年か前の日本を体感しろといっているのだろうか？　いや、そんなことはどうだっていいのかも知れない。彼らは、キレイになりすぎた日本へのアンチテーゼとして、ただ汚水とたわむれている女性たちの姿を見せたいだけなのかも知れない。

芝居が終り、汚水が流れる廃虚跡の舞台装置の脇を歩いて帰される。二〇〇五年、五十五歳になるボクにとって、汚水まみれの泥道は、ガキの頃に見慣れたごくありふれた風景であり日常だった。一体、彼らの何を、ボクは見るべきだったのか？

三本目は「早稲田大学演劇倶楽部」企画公演『赤線パンパン』（作＆演出・浅井紀洋）。公演場所は早稲田大学学生会館Ｂ２０２。十二月二十三日にこの場所に出向くと、そこは立て看だらけの昔の早稲田の〝学館〟ではなく新しい学館のキレイな地下二階。

ＨＰに書かれたあらすじによると、もてない男が初デートする舞台は新宿。そこはクラブ、ライブハウス等が建ち並び、若者文化の発信基地である一方、赤線の時代から時が止まってしまったかのような〝色町〟を抱える夜の町でもある。この町で初結合をしようとする男と女の物語、とある。

大学生の世代が、赤線をどう料理してくれるのか？　期待に胸をときめかせて開演を待った。さて、いよいよ開演間際。女子大生が、「赤線パンパンへご来場下さいまして……」。ン！　彼女がいったパンパンはンが上がり、ボクらが使うンが下がるパンパンとは違うイントネーション。こりゃ、何かちょっと違うんじゃないか。

作者は本当の性感を知るには、赤線くぐりをやることによって、男が大人になっていくという雰囲気を出そうとしているのだが、いかんせん、ンが下がるパンパンの世界。さらにいえば昭和三十年代と四十年代がごちゃまぜになって繰り広げられる赤線くぐりと新宿大暴動に、強烈なジェネレーションギャップを感じてしまった。

それにしても、ボクら団塊の世代は、子どもたちの世代に、一体何をどう伝えてきたのだろう。もしかしたら何も伝えてこなかったのでは……。

また伝えてきたとしてもたとえばパンパンのイントネーションを間違って伝えてきたが故に、ボクらの世代と子どもたちの世代にとんでもないギャップを生じているのではないのか？　そんなことを思い、青筋を凍らせながら、早稲田のキレイな〝学館〟をあとにしたのだった。

第18回　われわれとわれ

一九七二年という年は、二月に連合赤軍のあさま山荘事件があり、五月に日本赤軍のテルアビブ空港事件があった。その年、ボクは本来なら大学を卒業する年度だったにもかかわらず留年し、他者と上手に関係が作れない若年性のインポテンツの身体をもてあましつつ「われわれは闘うゾ」のわれわれとは何なのか？　われとは何者なのか？　われわれとわれの間を行きつ戻りつしながらある〝運動の演劇〟を目指す演劇集団の事務所で電話番をし、五七五七七の短歌に自らの悶々をたたきつけていた。

そんな一九七二年に初演されたアングラ芝居が二〇〇五年三月十五日～二十九日、スペース早稲田で三十三年ぶりに再演された。

流山児祥原作、高取英脚本、天野天街構成・演出、「流山児★事務所」公演『夢の肉弾三

勇士』で流山児祥が書いた七〇年代アングラ芝居の過激でわい雑な原作を、時空を自在に飛翔する高取英史観で書き換え、それをさらに言葉遊び、重ね言葉の才人天野天街がいまふうにアレンジした作品で既視の夢を見ているようで、それはもう文句なしに面白かった。

ストーリーはこうだ。

軍隊で息抜きのために芝居をやっている。そこへ真田十勇士のサスケ、小介、甚八が迷い込む。

〽わたしからわたしたちへ言葉のヤジロベエ

という歌で始まる、舞台では上海事変時の肉弾三勇士、安重根と伊藤博文、そして豊臣秀吉の朝鮮征伐などの物語が劇中劇として繰り広がられていく。真田十勇士のほかのメンバーはというと、一九七二年ならではの展開でアラブの地で戦士として闘っている。

こうした奇想天外さはいかにもアングラ芝居ならではの展開である。

そして、この『夢の肉弾三勇士』の物語はこのアラブの戦士が見る夢という形をとってもいる。

さらにいえば、この芝居を観ていると、日本人がかつてアジアの人々に何をしてきたのか？　アジアで何をしてきたのかが暴かれ、そのアジアの人々の怨念が二重、三重に罪重なってアジアの呪怨として舞台上に立ち現れてくる。もちろんこの芝居はアジアの呪怨を見せるための芝居ではない。根底を流れるメッセージは、虐げられし者の反骨、反権力パワーの讃歌、その視点で観れば肉弾三勇士が自爆テロリストに見えてくる。

こんなシーンもある。ラスト近くにサスケがアメリカ大陸に立ち、小介、甚八にこれからメイフラワー号を襲撃しようと提案する。メイフラワー号とは、いわずもがな北アメリカに最初にわたったピューリタン植民者を乗せた船である。

「オレはいままで間違っていた。国だの天皇だの作ろうとしている奴らと戦うべきだった」

サスケは宣言する。

その直後に大爆発の音と映像。

それはまさに9・11。

この芝居で、ボクの耳にいまも残っている科白がある。アラブの地で闘う真田の六人、死んだらオリオンの三ッ星になるという件で、

「オレたち六人いる」「半分死に、半分は生きる。それくらいがいいだろう」「残った者が、逝ってしまった者の意志をついでいけばいい」

たぶん、われわれというのはこういうことをいうのであろう。

ところが現実はというと、ネットで自殺志願者を集めわれわれになる時代である。で、われはというと、十七歳のゲーム脳の少年が、突然元の学舎で教師を襲ったり、五十七歳

の老人保険事務所の事務長が、突然家族を襲ったり一人でわれが狂い始めている。

そんな時代だからこそわれわれを考えるのにもってこいの『夢の肉弾三勇士』の芝居は今日性を持つのである。

ところで一九七二年『夢の肉弾三勇士』を上演した「演劇団」のメンバーだった龍昇が主宰する「龍昇企画」の二〇〇五年二月十六日〜二十三日、こまばアゴラ劇場公演『行人――眠りのない荒野――』(原作・夏目漱石、作・犬井邦益、演出・福井泰司)は、わたしとは何かを考え孤独になり、ついにはわたしを極めれば生か死か気が狂うしかないとまでいい切るすさましいまでに、われにこだわる男の生きざまを描いた舞台だった。

この戯曲を書いた犬井邦益は、ボクと大学が同じで、彼が詩人会、ボクが短歌会に所属し、同じサークル室を使っていた。

彼との間には長いブランクがあった。

久しぶりに舞台の作者と観客として巡り合ったとき、彼は三十年前ボクらが問題にしていた、われにこだわっていた。

ことほど左様にボクらの世代はアチラこちらで、いま再びわれわれとわれにこだわり始めているようである。

尚ついでに記しておけば、あの頃ボクが作った歌にこんなのがある。

〈われわれ〉と〈われ〉とをわかつ鏡橋なみだ合わせののちのふしだら

第19回　谷間の百合

水にこだわり、最後にその水を上手に使った野外劇ならではの屋台崩しが用意されている「水族館劇場」のアングラ芝居。一年に一度（ここ十数年ほぼそんなスケジュールで公演が行われている）ボクはここの野外芝居を観て元気をもらってきた。その元気の素は水が吹き出し、舞台が崩れるそのスペクタクルなラストシーンにある、そう思っていた。

ところが、二〇〇五年五月二十七日、浅草木馬亭昼の部公演『ＴＯＫＹＯ　ＰＩＮＫＢＵＲＬＥＳＱＵＥ　谷間の百合』（作＆演出・桃山邑）を観ながら、これまでボクがもらってきた元気はスペクタクルな舞台のラストシーンからではなかったのではないかという思いにかられた。

この十数年、ボクが観てきた「水族館劇場」の野外劇は、物語が重層的でかなり難解、ボクにはその作品世界の半分ほどしか理解できていなかった。

もちろん、終始一貫地べたに足をつけ、マイノリティ、追われし者、権力を持たざる者、被差別者、弱者、などなどと、ともかく何らかの負の荷物を背負って生きる者の側に立って世界を見つめ、物語を構築しつづけているのが「水族館劇場」のアングラ芝居であるということは常に肌で感じ取ってはいたが……。

野外の仮設劇場前のプロローグ芝居で始まるいつもの「水族館劇場」のように木馬亭前で男にひっぱたかれ、ストリップ劇場へナナ（鏡野有栖）が放り込まれるシーンからこの芝居は始まる。

そして舞台は木馬亭の小屋の中に移る。踊り子になったナナは、〝これから〟の一条さゆりとなって、劇場の鏡台前に座って、「わたしは誰？」と自問自答を繰り返している。その鏡の向こうに一条さゆりの芸名とともに栄光の過去を捨て本名の池田和子に戻った〝あれから〟の一条さゆり（千代次）が立ち現れる。

彼女は、釜ヶ崎の飲み屋で、人をだますためではなく、自分が自分であるために、あらん限りの嘘をつきつづけて生きている。もちろん、そんな生き方をしているのは池田和子だけではない。釜ヶ崎で彼女の嘘に付き合って生きる多くの男たちもまたそうやって生きているのだ。ところでそんなふうに自分が自分であるために嘘をついて生きることがそんなにいけないことなのだろうか？　池田和子こと〝あれから〟の一条はボクらにそう問いかけてくる。

一方〝これから〟の一条はというと、唖の照明係に惚れられ、その照明係は彼女を劇場に放り込んだヤクザの元の彼氏に殺される。〝あれから〟の一条がそうであるように〝これから〟の一条もまた、淋しい男、ダメな男にしか縁のない世界で生きることを運命づけられた女。そんなとき、鏡のこちら側〝これから〟の一条は公然わいせつで逮捕される。〝これから〟のに代わって鏡の向こう側で生きる〝あれから〟の一条が照明係を迎えに行き、「もう、楽になりなはれ」

『谷間の百合』はおおまか、そのような芝居だった。

特設劇場での野外劇は上演時間三時間の、いわば長編小説のような大作だが、今回のこの作品は一時間十五分ほどの短編小説ふう作品で、物語は野外劇ほどには重層的ではなく〝これからの〟がこの世で〝あれから〟が死者の世界という構図。〝谷間の百合〟というのは釜ヶ崎という人生の谷間に咲く美しい花。つまりこの芝居は〝あれから〟の一条さゆりに対する「水族館劇場」からの最大限のオマージュであるということが、ボクにもだいたい理解できた。

尚、念のために記しておけば、ボクの生業は風俗ライター。人生の谷間に咲く花を探し求めてネオンの谷間を歩き廻るのが仕事である。

そこで見つけた花の多くもまた〝あれから〟の一条さゆり同様に自分が自分であるために、自らの過去をあきらかに嘘とわかる嘘で塗りかためて生きている。

ボクが二十歳代の頃観た七〇年代のアングラ芝居では、いまではほとんど見られなくなったケバケバしくて魅力的な、〝毒の花〟としかいいようのない美しい花があちらこちらの劇場に咲き乱れていた。それらを見ながらボクはその同じ匂いの花が、ボクが戦場と定めたネオンの谷間でも見つけ出せるはずと仮説を立てた。そして、その花を追って四半世紀、盛り場を徘徊してきた。ここまで書いて、ボクは「水族館劇場」からもらっていた元気の素が、ハッキリとわかった。

ここの芝居には、七〇年代のアングラ芝居で観た、あの〝毒の花〟が御存知千代次を筆頭にいまもけばけばしくかつ、美しく咲き乱れている。

だからボクは、年に一度その花を見るためにこの「水族館劇場」へ足を運び、ボクが日常的に付き合うネオンの谷間に咲く花の原型はこの花なのだと確認し、それを元気の素にしてきたのだ。そして、ボクは風俗ライターをしている限りこれからもこの作業をつづけるだろう。

第20回　物語る身体

勝ち組だけが闊歩する社会ではなく負け組が敗者復活できる社会を作りたい。そう訴えて二〇〇五年夏の衆議院選挙に立候補した、古くからの友人を応援するために公示日の八月三十日～九月十一日まで大阪に飛ぶことにした。

風俗業界に関与する者は、ボクを含めて誰しもが、一度はまっとうな世の中のレールから振り落とされた落ちこぼれ。言葉を変えていえば負け組である。そんな人々が敗者復活の場として選びとり、後ろ指を指されていることを知りながらも一生懸命生きているのが風俗の世界。ボクは、そう思って三十年近く風俗ライターを生業としてこの現場に張り付いてきた。そんなボクにとって小泉純一郎という男は一握りの勝ち組だけのために政治を行っているとしか思えない輩。だからこそ、そういう政治の対極、敗者が復活できる社会を作るという候補者を、今回は是が非でも応援しようと思ったのである。

ところが問題が発生した。この期間中に、どうしても観たい芝居が東京で二本あったのである。

やむをえない。ボランティアで選挙の応援をしながら、とんぼ返りして、この二本の芝居を観よう、そう決めた。

刺客、くノ一の小泉にガチンコでぶつかる反小泉〝大阪夏の陣〟に匹敵するくらい面白いとボクに思わしめた芝居の一本目は、八月三十日～九月六日、「流山児★事務所」ＳＰＡＣＥ早稲田公演『静かなうた』（作・北川徹、演出・北村真実）。

この一年、ボクは二十歳代の若い主宰者が率いる劇団の科白のない演劇を何本か観る機会があった。映画のセットさながらに作られたリアルな舞台の中で繰り広げられる言葉のない芝居。作・演出がいるのだから、その舞台にもおそらくは、なんらかの物語はあったのだろう。だが、ボクには、それらの舞台からは何の物語も伝わってこなかった。

そんな科白のない演劇に、「流山児★事務所」が挑戦するという。この手の芝居はボクには合わないと結論つけるのはそれを観てからでも遅くない。そう思って、楽しみにしていたのが、この『静かなうた』だった。

選挙戦真っ只中の九月五日に、大阪から東京へ戻り、白い砂が一面に撒かれ舞台が砂漠と化したSPACE早稲田の客席に座った。幕が開き、やがてそこがおそらくはイラクの砂漠であろうことがわかってきた。旅人が砂漠で生きる人たちと遭遇し、仲間になろうとするのだが、なかなかうまく事は運ばないという物語。

旅人が持つ水入りのペットボトルが意味深で、イラクで給水する自衛隊と読めた。悪源太義平、ラビオリ土屋、木内尚、横須賀智美、小林七緒などなど、「流山児★事務所」に縁の深い役者の物語る身体が科白なしの舞台にしっかりと物語を立ち上げていた。

この手の芝居も面白い。ボクは正直そう思った。

翌日、大阪に戻るとボクの応援する候補者は、一日六千万円使ってイラクで自衛隊は立て籠っている。だから即撤退すべしと訴えていた。

選挙戦は九月十日が最終日。ボクは投票のためといって翌十一日に東京へ舞い戻った。投票のためというのも嘘ではなかったが、それよりなにより、この日、ボクが帰京したのは何をおいても東京で観たい、いや観なければいけない芝居があったからだ。

九月十日、十一日、池袋雑司ヶ谷、鬼子母神境内で行われた「劇団夜行館」公演『飢餓童子Ⅱ』（作&演出・笹原茂朱）がそれである。十一日、夜七時、この日東京は傘が離せない雨模様の天気で、最悪の野外芝居になるはずだった。ところが境内の一角に座長笹原茂朱が扮する津軽の地（現実）と天（あの世）を結ぶ巫女《いたこ》が登場し、口上を述べ始めると、雨が上がった。

境内では天明の大飢饉で捨てられ、泥まみれになって、地を這っている童女、童子の霊の世界が展開する。この霊が土から掘り起こされ、あの世へ昇るには火祭り〝ねぷた〟が必要という物語で、生の津軽三味線をＢＧＭにした土の舞台では、泥まみれになって演じる不眠狂四郎、てんてこまい、六道旅人、守鏡丸などなどの物語る身体が、東京の雨をも止めて、津軽の土着の芝居をボクたちの前できっちりと観せてくれた。六本木ヒルズに住む勝ち組の輩の物語などくそくらえだ。この泥まみれの津軽の人たちの魂を揺さぶる物語にこそ人間のドラマがある。ボクは、この日この芝居が観られたことに無上の喜びを感じていた。

尚、ついでに記しておけば、応援した候補者は小選挙区ではダメだったが比例区で当選した。ちなみに、敗者復活ができる社会を作りたいと訴えた候補者は、かつて身体を張って〝ソーリ、ソーリ、ソーリ〟と小泉に詰め寄り、小泉政権の表裏をボクたちの前にさらしてくれた政界で一番の物語る身体の持ち主であると付け加えてこの項を終わることにする。

第21回　天野天街

二〇〇五年十二月二日、下北沢ザ・スズナリで観た流山児・事務所公演『ＳＭＯＫＥ』（作&音楽・ケラリーノ・サンドロヴィッチ、演出・天野天街）は、とある島にテレビのバラエティ番組のクルーがやってくるところから物語は始まる。

タイトルの『ＳＭＯＫＥ』は煙草の煙で、この島では煙草を吸うと、処刑されることになっている。さらにいえばこの島にはインドネシア・バリ島のマッシュルームのように口にすると幻覚をもたらす何かがあるようで、出演者の日常が、徐々に徐々に狂い始めていく。

ボク自身、ケラの芝居はこれまで観たことはなかったが、こうした日常のズレの世界は嫌いじゃない。

やがて、その奇妙に歪んだ台本の世界が、同じ台詞、同じ動作を繰り返し、繰り返し役者にやらせる天野演出で、さらに増幅され、また、処刑した人間の肉を調理して食べさせているレストランの存在も明らかになってきて、物語は歪みの極みへと入っていく。

たまにはこういう芝居も面白い。

そんなふうに思って観ていたのだが、暫くするとちょっと気になることが起こり始める。出演者の中で政治的な臭いのする、流山児祥が演じるチェ・ゲバラ好きの校長が煙草を吸って処刑されてしまうのである。何だよこの芝居、革命に憧れる者をこんなふうに扱うのかよ。ボクの中で、作者及び演出家への不満が燻り始めた。

ところがである。

処刑されたゲバラ好きの校長の肉体が、この歪みの世界の中で唯一〝希望〟として登場し、突拍子もないなぞなぞを出しつづけていた夕沈が演じる、ちょっぴり逆髪の少女と何故だかわからないが入れ替わる。このシーンを観ながら、ボクは学生時代に作った短歌を思い出していた。その歌というのはこういう歌だ。

帰るべき山河も断ちていまは暮暮《くれぐれ》・逆髪《さかがみ》の少女と解けぬなぞなぞなどを

この歌を作ったのは三十年前のことである。

ボクは、ボクたちは、あの時代どこか（その場所、その状況は人それぞれ）で絶望して立ち止まり、立ち尽くし、自ら進んでなぞなぞだらけの迷路へと迷い込んでいった。

後《あと》を、若い人に託して……。

そして、時は流れた。

ボクはいま､あのとき迷い込んだ迷路から、ともかく無理矢理にでも一度抜け出てみようと思い始めている。そんなボクが眼差しを向けている世界は三十年前に断ち切った故郷の山河である。その故郷と東京を、ボク自身が往ったり来たりすることで都市の文化と、故郷の自然の交流の手助けができないものか？　Uターンではなくハーフターン。

半分帰ろうとしていた故郷が『ＳＭＯＫＥ』の島のようになっていないとも限らない。

それならそれでそれもまたよしである。

そうなったら『ＳＭＯＫＥ』で流山児がやったように革命大好きな校長を演じよう。むろん殺される覚悟をして……。

ボクは『ＳＭＯＫＥ』で、たった一ヶ所の〝希望〟のシーンである、革命大好きな校長の身体が少女に入れ替わる劇的な場面を観ながら、そんな妄想に耽っていた。

ちなみに、この芝居の台本にはチェ・ゲバラ好きの校長などという登場人物は書かれていない。この役はただの浮浪者だった。それを流山児がゲバラ好きというキャラクターを与えてしまったばっかりに、ボクはとんでもない妄想を巡らすことになったというわけである。

芝居ってどのように観るかは観る者次第、今回ボクがしたように自分勝手に観て、自分の人生と重ね合わせてもいいのである。

ところで、この『ＳＭＯＫＥ』の結末はというと、島に火が放たれ、全員が死んでしまう。そのとき、上空に土星が浮かび上がり、出演者全員がそれを見つめているところでジ・エンドとなる。このシーン、どう観ればいいのだろう。ボクはこれを天野の〝地球〟への絶望とみた。

尚、ついでに記しておけば、ボクは、天野天街と四半世紀前の一九八五年に、新宿二丁目の「モダンアート劇場」で裸のないストリップ劇場レビュー『人工少年博覧会―イナガキタルホ少年愛の美学―』(作＆演出・天野天街）という女の子が少年を演じての美少年アングラ舞踏芝居を一緒にやっている。

そのときのラストは、半ズボンの少年が望遠鏡を目に当て、宇宙を覗くシーンだった。あの望遠鏡の中に映っていたものは？

もう随分と〝昔〟だからではなく、作・演出が天野天街だったから〝聖〟か〝死〟の物であったと、ボクはあのときも、そしていまもそう思っている。

第22回　〝希望〟

二〇〇六年のアングラ芝居を巡る旅は一月二日午後七時開演の「さすらい姉妹」渋谷・宮下公園での『望郷』(作・桃山邑、演出・柴山龍一）から始まった。このユニットは女優千代次を中心にした「水族館劇場」の別動隊で、年末年始恒例の寄せ場公演である。今年の演し物は、イエスの方舟事件に想を得た一時間弱の三幕劇で、千代次が演じるおっちゃんが故郷を思いながらも、東京のブルーシートハウスで正月を迎えざるを得ない人たちに〝希望〟を持って生きていこうという、メッセージ色の強い物語。

この芝居を観ながら、四半世紀前に風俗嬢を結構派手でいい暮らしをしているけれど、彼女立場はやっぱり労働者という意味で〝ファッション・プロレタリアート〟と名付け、彼女たちの目線で世の中を見ていこうと決意して風俗ライターになったことを思い起こし、格差社会が進むいまこそ、このファッション・プロレタリアートの目線で世の中を見ていかなければいけないのだと改めて決意する。「さすらい姉妹」の目線がそうであるように……。

次に観た芝居は二月十日、「月蝕歌劇団」新宿・サニーサイドシアター公演『人力飛行機

ソロモン　劇場版』（作・寺山修司、構成&演出・高取英）。

大人向けの男性月刊誌「パパラッチ」で寺山修司主宰の「天井桟敷」公演すべての芝居をボクの生き方とからめて風俗的、あるいは官能的に読み解く作業を〝昭和幻想倶楽部〟という通しタイトルで行っているボクとしては、寺山作品はできる限り観ておこうというわけである。

東京での四畳半の孤独と無人島の孤独、どっちが本当に孤独なのか？　想像力さえあれば無人島にいたって孤独ではない。

言い換えれば、想像力さえあればどこにいたって〝希望〟はあるし、人力飛行機ソロモンを飛ばすことはできるという芝居で、元気をもらって帰路につく。

翌二月十一日は、マチネーで「劇団桟敷童子」下北沢・ザ・スズナリ公演『泥花』（作・サジキドウジ、演出・東憲司）を観る。

一九五〇～一九六〇年代の話で、泥花というのは、その頃福岡の炭鉱で、生と死のはざまで見られたといわれる〝希望〟の花。

A炭鉱からT炭鉱へ流れついた家族の中の少年が主人公。この少年が泥花を見ようと自殺をはかるところから物語は始まる。

この時代、死にたい人は一杯いた。しかし、同時に〝希望〟の花を求める想像力も旺盛だった。結局、この少年の家族はバラバラになってしまうのだが、少年は泥花を探し求めるとともに、自分を育ててくれた故郷も忘れないと宣言して、希望と望郷をキーワードに繰り広げられたこの物語は、望郷の汽笛と希望の泥花が交差する中、「桟敷童子」ならではの幻想的なラストシーンへとなだれ込んでいく。

その日のソワレは、「流山児★事務所」下北沢「劇」小劇場公演『ハイ・ライフ』（作・リー・マクドゥーガル、演出・流山児祥）。

カナダの劇作家の戯曲を流山児が二〇〇一年から毎年のように出演者を代えて上演している、ジャンキーたちの物語で今回の塩野谷正幸、若杉宏二、保科大和、小川輝晃、四人の役者のジャンキーぶりはとりわけ凄まじくって、もしかしたらホンマモンと思えるほどのド迫力。

この四人のジャンキーたちの〝希望〟は銀行強盗をやり抜いて大金を手中に納めること。ジャンキーにだって〝希望〟はある。

いや、この芝居を観ながら、観客は四人のジャンキーたちがかろうじて身をもちくずさずに人間らしく生きていられるのは、銀行強盗という〝希望〟があるからだということを知り〝希望〟がいかに大切かを思い知る。

三月七日、「ポツドール」新宿・シアタートップス公演『夢の城』（作&演出・三浦大輔）

を観る。パチンコで生活するニートの若者が集まるアパートの一室を午前二時から、延々と二十四時間見つめつづけるドキュメント映画のような作品で、男と女がからみあい、男と男がからみあうが、全く科白はない。

上演時間は一時間三〇分。そこに流れる時間は〝希望〟と対極の〝絶望〟。観終わったボクの心は滅入っていた。

前四作と、この『夢の城』の違いは何だろう？

『夢の城』の作者は一九七五年生まれの三十一歳。対して前四作の作者あるいは演出家は四十歳以上。たぶん、この世代の差が大いに関係ありそうである。

ところで、つい最近読んだ辺見庸の「自分自身への審問」の中にこんな一文があった。

〝なにがしか表現ができ自死できる可能性を残しているかぎりは、軽々しく絶望を口にしてはならないと自分にいい聞かせている〟

〝絶望〟の時代だからこそ、辺見庸のこの言葉は重い。

第23回　浄化《ジョウカ》はいらない！

五月二十一日、マチネーで観たのが新宿・歌舞伎町のド真ん中、新宿シアターアプル並びのコマ劇場シネシティ広場で行われた「東京ギンガ堂」公演『夢―歌舞伎町物語』(脚本&演出・品川能正)。

風俗ライターを生業とするボクとしては中国人の歌舞伎町案内人・李小牧が原作&脚本協力し、尚かつ出演もし、現在の歌舞伎町と敗戦直後の新宿が舞台の物語となれば観ないわけにはいかない。

さらにいえば雑誌「テアトロ」六月号で、

〝唐十郎の紅テントで、舞台のラストにテントが開き、ネオンまたたく街の中に俳優たちが溶け込んでゆく姿を見た時、不思議な胸騒ぎを憶えた。映像では決してできない、生身の俳優たちだからできる演劇のなせるワザだ〟〝今、私は日本一の歓楽街、東京・新宿歌舞伎町の町をまるごと舞台にした演劇を準備している〟

品川能正の、こんな一文を読めば尚更である。

もうひとつ、ついでに記しておけば、この芝居には本物の消防自動車も出動したという公演のあおり記事も新聞に掲載された。これはきっと面白いアングラ芝居が観られるだろう。そう思い、期待して足を運んだ。

ところがである。たしかに広場では〝ムーランルージュ〟一座と銘打ったチンドン屋まがいのお騒がせはあったし、赤い消防自動車が広場に横づけになってはいたが、全くもって劇的なことはなく「なんやねん、これ」。

もちろん、そうやって人をそこに集めておいて対面《トイメン》のビルの屋上で主演の大沢樹生が、警官ともみ合うという芝居もあるにはあったが、外での見せ場はそれだけで、客は劇場に誘導される。

舞台で始まる物語は二〇〇一年九月一日に起きた、歌舞伎町のビル放火事件と戦後この街に〝歌舞伎座〟を建て復興を目論んだ鈴木喜兵衛の物語、そして二〇〇六年のいまがクロスしてソツなく運ばれていく。

だが、中途半端な野外芝居のせいか、なんとも居心地が悪い。やがて、その居心地の悪さは野外でのことだけが原因ではないことがわかってくる。

実はこの芝居は歌舞伎町の浄化を考える人たちが企画したもので、ボクのように歌舞伎町の持つ、いかがわしくもたくましい人々のパワーが好きだと考える者のための芝居ではなかったのだ。

幕が降りた。ボクは拍手をすることなく席を立った。

それから二週間後の六月三日に足を運んだのは京王線八幡山駅高井戸陸橋下・特設テントでの「野戦乃月海筆子」公演『海峡と毒薬』（作＆演出・桜井大造）。

公演のチラシには、この芝居は今年二月に台湾のハンセン病の隔離施設と、台湾の国立劇場で上演された『野草天堂・スクリーンメモリー』と対をなすものと記されていた。ハンセン病施設と世間とをつなぐ道でもあり、六十数年前と現在とが通底する道でもあり、また日本と大陸、大陸と台湾とが結ばれている道でもある一本の通路が舞台を左右に横切っている。

そして、地面を掘れば、上下に同じ道が……。

この上下左右の道を役者が行ったり来たりすることで、芝居の時空が縦横無尽に変化して、映画を撮っているという設定の物語は、いかにもアングラ芝居ならではの展開を見せ始める。

戦前の藩陽のハンセン病施設と二〇〇六年の日本が通底し、岸信介、笹川良一などなどあの時代、アヘンで稼いだ日本の妖怪、政商たちの悪事が暴かれていく。

笹川良一が、その金を国民党へ流し、台湾のハンセン病施設は建てられた。そのハンセン病施設が、いま、地下鉄工事のために解体されようとしている。弱者は棄てられ、街はキレイになり便利になっていくのである。その現実を見て桜井大造が想像力を働かせて書き上げたのが、前述した『野草天堂・スクリーンメモリー』である。それと対をなす『海峡と毒薬』も、だから当然ストーリーは町が、そして国が浄化されていくという展開だ。

ここいら歌舞伎町の芝居と同じである。しかし、結論は違う。

『歌舞伎町物語』は弱者を切り捨て浄化へと向かう芝居なのに対し、『海峡と毒薬』は公演パンフレットに〝人びとは放棄し蜂起する〟と書かれ、芝居のラストで「首が飛んでも動いて見せるわ」の桜井大造の科白でわかるように、棄てられた民の決着に時効はなく、ただただ戦いあるのみという芝居だったのである。

とりわけリュウセイオー龍の踊りは、その戦いを体現していてきれいごとが罷り通りなんとも生きづらくなっているいまを生きるボクに、そしてボクたちにしっかり勇気と元気を与えてくれた。

幕が降りた。ボクは力一杯の拍手を送ったことはいうまでもない。

三十数年前、やくざ映画を見終わって「よっしゃ、オイラも……」と拳を握り締め街へ出た。いま、ボクたちはアングラ芝居にそれを求めているようである。

第24回　BURAI-KAN

ぼっちゃん首相の美しい国内閣とやらが発足したが、自分のしていることを美しいといえる神経が気にくわねえ。

何だって、大学入学を九月にして若者に四月から九月までボランティアに励んでもらうだって。

そうやって、知らず知らずのうちに徴兵制へ持っていこうった算段かい。

それにしても、こんなまやかしだらけの偽善の為政者の支持率が七十パーセントもあるというのも不可解だ。

この国は一体全体どうなっているの？

こんな為政者に対しては断固「ＮＯ」だ。

そういうことをハッキリいうメディアがないと、この国はとり返しがつかないところへ行っちまう。

これがいえるメディアがアングラ芝居、ボクはそう思って、アングラ芝居とずーっと付き合ってきた。いまどき、そんなことはやらないって？　はやらなくても、やってくれる輩がいるから、アングラ芝居巡りが止められない。

探せば、ある。こんな芝居が……。

ぼっちゃん首相の美しい国内閣が発足する二ヶ月前の七月十五日に観た「流山児★事務所」公演『ＢＵＲＡＩＫＡＮ』（脚本・佃典彦、演出・流山児祥）はそんな日本のいまを、徹底的におちょくりまくるアングラ歌舞伎だった。

この芝居の原作は、映画「無頼漢」（篠田正浩監督）で、シナリオは寺山修司、その寺山が、この作品について自らこんなふうに記している。

〝当時禁圧されていた洒落本、歌舞伎、花火など町人芸術は、現代のアンダーグラウンドアートによく似た時代感覚を内包しており、その反抗は解放をめざすものであった〟

ちなみに、このシナリオには種本があった。天保の改革の時代に裏街道を歩いた河内山宗俊をはじめとする六人の無頼の物語、講談〝天保六花撰〟を河竹黙阿弥が脚色、一八八一（明治十四）年に上演した歌舞伎〝天衣紛上野初花《くもにまごううえののはつはな》〟で、寺山はこの六人を御上からの改革に対し「NO」を突きつける者としてとらえ、七〇年の全共闘運動のさなかに、この闘う者どもの物語を提示したのである。あれから三十数年がたち、世襲のぼっちゃん首相が好き放題をやろうとし始めている二〇〇六年、二〇〇五年の岸田戯曲賞受賞者である佃典彦は、百六十五年前の水野忠邦の天保の改革を、忠邦が人々からは好感が持たれるように整形しまくり美しい顔になろうとした顔面改革だったとし、美しい国内閣の改革も所詮はその類と茶化すのである。それだけじゃない、佃はこの物語の主人公片岡直次郎（池下重大）を、かつて御上御用達の劇団志気の所属していた役者に設定し、はまぐり慶太なる演出家（悪源太義平）を登場させておちょくってみせる。

さて、流山児版アングラ歌舞伎『BURAIKAN』のストーリーはというと、河内山宗俊（下総源太朗）と金子市之亟（塩野谷正幸）の水野忠邦の首をとろうとするお祭り一揆計画が、誰かの密告によって頓挫する。これを機に水野は、自分が江戸の庶民に人気がないのは、面相が悪いからだと顔面整形、顔面改革に取り組み始める（整形前の水野役は流山児祥、整形後は美しい伊藤弘子）。

そして、清く正しく美しく、ここいら平成のいまの改革とよーく似てる。

そんな改革にうんざりの庶民の間で、また一揆の話が煮詰まっていく。今度は河内山のソックリさんを先頭に立てての〝なりきり一揆〟。このとき、直次郎もやる気マンマンで、こんな科白がある。

「血肉踊るエログロナンセンスで人間の不条理暴きだすような芝居作ってよ。オエドの民衆を眠りから覚ましてやるんだよ」

異議なし、である。

これこそアングラ芝居の真骨頂。

ところで、最初のお祭り一揆のとき権力側に河内山らをチクったのは誰だったのか？

ラスト近くに直次郎の母おくま（青木砂織）が、

「私が前のときみたいに役人にバラしておけばよかったんです」

というセリフで種明かしされる。このシーンに、ボクは七〇年の闘いの全てを見た。アノとき、ボクたちは「とめてくれるなおっかさん」と、母親を振り切って、マザコンの自分と世の中を変えようとしたハズだったが、それも母親の手の内のことで結局はままならず、この「とめてくれるなおっかさん」の総括もしないまま父になり母になった。そしていま、この世代はそのジュニアたちとの間に立って判断停止状態に陥っている。そんなボクたちの世代をヒョイとまたいで変人からぼっちゃんへ、日本の首相は変わってしまった。肝心なことの総括ができなかったのだからこれも止むなし、とも思うのだが、でもやはり、流山児アングラ芝居だけ観て「異議なし」と心の中で叫んでいるだけというのも、なんかちょっと悔しい。

なんとかしろよ、流山児！　こう演劇無頼の親方を煽《アジ》って、この項ジ・エンド。

第25回　竹中労に聞いてみたい

一九七二年だった。ボクは〝運動の演劇〟を志す人たちの集団で芝居の制作の下働きをやっていた。

DMを出したり、公演当日の受付をしたりするのが主な仕事である。

そんなボクたちの公演を竹中労が観にやって来た。

招待券は送ってあった。ところが、現金を出し当日券が欲しいという。ボクは、招待の手続きをとろうとした。

「いや、いいんです。自分で観たくて観に来たんですから」

こういった。竹中とボクは二十歳の年齢の開きがある。と、いうことはあのとき、竹中は四十二歳。その年齢でありながら、闘う若者の側に立つ姿は、当時のボクの、いやボクたちの憧れだった。メチャメチャ、カッコよかった。

（そうか、芝居って、こういうふうに観るもんなんだ）

カッコいい竹中のカッコいい芝居の観方、年をとったら（そのとき二十二歳のボクは竹中をもっともっと年上に感じていた）こういうふうに芝居を観よう、そんなふうに思った。

あっという間に歳月は流れ、今年ボクは五十七歳になる。

年齢のせいなのだろうか？　フッと、若い日のことを思い出すことが多くなっている。遅まきながら、闘う若者の側に立って……。

ところが、時代は大きく変わっていて、どこを見廻しても、ボクの若い頃のような形で闘う若者はいないのである。

実をいうと、いま、ボクは学び直しをしようと、都内のある大学に通っている。ボクの若かった時代、闘う大学として特に知られた大学である。その大学で、学生の処分を巡って二〇〇六年にトラブルが発生した。

一九六〇年代から七〇年代にかけて、こうした事態が起これば、おそらくは全学ストで学生は闘っていたはずである。だが、いま、多くのというか、ほとんどの学生は構内入口の検問所で大学当局が雇った警備員に学生証提示を求められると、それに素直に従い、抗議集会の開かれている脇を足早に走り去っていく。とんでもない時代になっている。それに輪をかけてとんでもないのは、こうした事態になっているということを、メディアが伝えようとしないことである。

少数者の意見というより、権力を握っている者に対する反対のメッセージはことごとく圧殺され、踏みにじられる。

そして、皆が寄らば大樹のかげの生き方をよしとする時代、誰かが勇気をもって「NO」を言わないと……。

前途のある若者と一緒に闘えないのなら、せめて志のある芝居を見つけ出し、なにをどうしたらいいのかわからなくなっている若者にこの道すじのヒントを与えるのが、いま、竹中労的に生きたいと思うボクのせめてもの務め、そう思って二〇〇六年秋から暮にかけていろいろ芝居を観て廻った。

観ながら身震いのする芝居に出くわした。十一月二十七日、下北沢ザ・スズナリで観た「燐光群」公演『チェックポイント黒点島』（作&演出・坂手洋二）がそれで、いかにも社会派の坂手ならではのドラマだった。

『チェックポイント黒点島』という漫画を描いている女流漫画家とその家族、その漫画に描かれている韓国と日本の間の東シナ海に地震で浮上した島で黒点観測をつづけている夫婦、それに『チェックポイント黒点島』の漫画を愛読する夫婦、この三つの世界が次から次へと描き出され重ね合わされていくという展開で、そこで起きるひとつひとつの事件は、つい何年か前の年末に起きた世田谷の一家殺人事件だったり、ヨーロッパで起きた北朝鮮による拉致事件だったりといった具合に極めて具体的なものでドキュメンタリー芝居を観ているようである。うん、あった、あった、こんなこと、そんなふうに観ていた舞台に、突然警備員が学生証提示を求める大学の物語が現れる。

ン！　なに、これ……。そう、ボクが通う大学のとんでもない現実が実にリアルに舞台で描き出され始めたのである。

かつて検問所《チェックポイント》は東西ドイツのそれのように二つの価値の違うものの境界線だった。そこにはこの芝居でも描かれているように出会いもあり希望もあった。ところが、いまの検問所は、ボクが通う大学でのそれがそうであるように、一方が一方を呑み込んでしまうための、装置でしかないのである。東西ドイツのチェックポイントはたしかになくなった。だが、いま世界には見えはしないがそれ以上に強固になった暴力装置としてのチェックポイントがあってボクたちを選り分けしようとしている。そんな社会に、坂手洋二は「NO」と舞台で表明した。

ボクは、ボクたちは、これをどうサポートしていったらいいのだろう。

もしいま、竹中労が健在なら、どんなアクションを起こすのか？　聞いてみたい。

第26回　リターン

愛の表現に不器用なボクは、愛のある生活に照れてしまい、素直に喜びを表せない。そういう態度が、愛する人を悲しませる。

何度も同じあやまちをしているのだから、今度は幸せに照れることなく……。

そう思っていたが、やっぱりダメだった。

気が付いたときには、愛する人の心はボクの元から離れていた。

まさかこの年（五十七歳になったばかり）で、そんな経験をするとは思ってもいなかっただけに大変なショックで、食事が喉を通らず五キロも体重が落ちてしまった。

こんなときに、芝居を観るとどういうことが起きるのか？

失恋した直後のボクが観た芝居は「ＫＵＤＡＮ　Ｐｒｏｊｅｃｔ」三月二十日、下北沢ザ・スズナリ公演『美藝公』（原作・筒井康隆、脚本&演出・天野天街）。

ヤジさんこと矢島某のシナリオライターとキタさんこと北山某の美藝公が、芝居の台本を書いているという設定で、このプロジェクトが作り上げた傑作アングラ芝居『真夜中の弥次さん喜多さん』を引き継いだ形で今回の物語の幕は開く。

ところが、芝居の台本を書くのは初めてのシナリオライターの筆は途中でパタッと止まってしまう。

筆を進めるために、舞台の設定を筆が進んでいたときに戻そうということになる。

「戻ろうか？　戻ろうよ」

この科白が、愛する者をなくしたボクの心の琴線に、ビ、ビッと触れた。

愛する者が去ってしまうには、それなりの理由がある。

ボクには、それはわかっていた。できることなら、その時点へ戻って、その場面をやり直したい、そうすれば……。

だが、現実はそうはいかない。

しかし、芝居はそれは可なのである。「戻ろうか？　戻ろうよ」でフイルムの逆廻しよろしく前に戻って、やり直しの人生が繰り広げられていく。

あ〜、この芝居の世界に、ボクも入っていきたい。

不条理？　それも結構、戻りたい。

こうして、ボクは「戻ろうか？　戻ろうよ」の科白をキッカケに天野天街の夢か現かわからない奇妙な時空、不条理劇の中に身を沈めていった。

そんなボクにとって、寺十吾、小熊ヒデジの弾む会話は心地よかった。

翌々日の二十二日に観たのがスペース早稲田での「流山児★事務所」公演『リターン』（作・レグ・クリップ、翻訳・佐和田啓司、演出・流山児祥）。

失恋したあと、タイトルが『リターン』だから観るつもりになったわけではない。愛する人が去る前から、この日この芝居を観に行く予定になっていた。

〝ドラマティック・オーストラリア２００６―２００７参加〟の芝居でオーストリアの若手劇作家の戯曲である。

客席が対面式に作られた舞台は、フリーマントル行きの最終電車の車両という設定である。

傷害事件で半年の服役を終えた千葉哲也演じる男と、刑務所で知り合った阿川竜一が演じる若い男が、帰郷のためにその電車に乗っている。そこへ法律を勉強している女子学生（大路恵美）と、夫と別れたばかりの主婦（北村魚）、そして作家役の塩野谷正幸が乗ってくる。

男たちが女子学生にからみ始める。作家は見て見ぬふりを決め込んでいる。やがて、作家と女子学生、そして服役を終えた男との関係が浮かび上がってくる。男が起こした傷害事件の被害者が作家の弟で、作家は男に復讐を企てていた。また作家と女子学生は恋人同士である。さらにいえば、傷害事件を起こした男と作家の男は男同士で愛し合っていた。愛する者を巡って繰り広げられる愛に不器用な者たちの愛憎と裏切りの人間模様――。愛する者は、カラダを張ってでも守らなければいけなかった。この芝居を観ながら、ボクはこのことに気づかされる。ボクは息苦しさをおぼえ始めていく。

こんな芝居体験は初めてのことである。作家は、弟が男を真剣に愛していることを知り、自分勝手な論理で心を弄んだ愛する女子学生とはつらい別れをすることになる。救いは、この車内の愛憎劇をつぶさに見つめていた主婦が、どうしようもない夫のもとへ〝リターン〟していくことである。

その決意の場面を観ながら、ボクは『美藝公』で「戻ろうか？　戻ろうよ」とフィルムが逆廻りしていくシーンを観たときのような心の安らぎをおぼえていた。

ボクの失った愛する者が〝リターン〟するという保障はなにひとつないにもかかわらず……である。

第27回　狂喜乱舞の物語

戦争のできる国へ日本が歩みだそうとしているいま、戦争の悲惨さと真正面から向きあったアングラ芝居を観た。

五月二十日、錦糸町にあるすみだパークスタジオ2号倉庫内特設劇場で上演された「劇団桟敷童子」公演『軍鶏３０７（戦う軍鶏達ノ物語…）』（作・サジキドウジ、演出・東憲司）がそれである。

昭和六年、息子を戦争にやりたくない母親が「死んじゃダメだ」と必死に竹槍訓練を繰り返している。

しかし、そんな母親の息子のところへも赤紙がきて、息子は万歳に送られ、戦争へ赴き、戦死を遂げる。

時は流れ戦後の九州のとある街の病院。そこは戦時下で男の性のはけ口にされ中絶を余儀なくされた女性患者や、やはり戦時下の男の暴力によって心とカラダを壊した女性患者たちが入院している病院だった。

ここへヤクザたちがいやがらせにやってくる。このヤクザ、進駐軍のエライさんから〝メンドリ〟を連れてこい、そうすれば仕事をやるといわれている。

〝メンドリ〟とは?

そう、息子に「死んじゃダメだ」と必死に竹槍訓練をつづけていたあの母親——。

彼女は、息子の戦死を知って精神のバランスを壊し、この病院に入っているのであるが、息子の死以降、国に対し反抗的な態度を取りつづけている。

ちなみにヤクザたちは復員兵で、世話になっている組との渡世の義理で病院に無理難題をふっかけているだけで、病院に私怨があるわけではない。

もちろん病院としては患者の命を守るのが第一で、ヤクザのいうことを聞くわけにはいかない。

すったもんだがつづく、そんなさなか、心に傷を持つ患者のために病院内に飛行機のモニュメントを作ろうという話が持ち上がる。

〝メンドリ〟さんも、この話に興味を示す。

飛行機のモニュメント作りの過程で、復員兵のヤクザも作業に協力し、中の一人は病院長の妹と恋仲になる。

なにやら、どこかで聞いたような、見たような話でアングラ芝居というより東映ヤクザ映画そのものの展開である。若い頃、ヤクザ映画を見つづけたボクとしては「おもろいやんけ」と身を乗り出し、この舞台の物語に集中していった。

ついでに記しておけばタイトルの『軍鶏３０７』の３０７とはこの病院のあった住所で、どうやらこの物語はフィクションでなく実話であることを観客に知らしめるために、作者はあえてタイトルにこの住所表示の数字を添えたと考えられる。

ともあれ、そうこうしているうちに、復員兵が世話になっているヤクザの組と対立する組との確執がピークに差しかかり、組は鉄砲玉を飛ばさなくてはならない事態になっていく。

そして、その一人に元復員兵が選ばれる。

そのときである。

〝メンドリ〟さんが「死んじゃダメだ」と竹槍武装して、鉄砲玉の後を追う。

こと、ここに至って観客に国家とヤクザの組がぴったりと重なって見えてくる。母親は息子を戦場へ送り出さないために、一生懸命に竹槍訓練をしたが結局息子は戦争に駆り出され、命まで奪われてしまった。にもかかわらず、国は息子のために何もしてくれなかった。

母親には息子の死が犬死にしか見えなかった。

それから数年が経ち、ヤクザが組のために鉄砲玉となって命を投げ出そうとしている。そのとき、母親の心に息子の死が鮮明に蘇った。

「死んじゃダメだ」

この言葉が口を突いて出、〝メンドリ〟さんは犬死にを阻止する行動に出る。国だの、組織だのというものを信じちゃいけない。

この物語は、そのことを教えてくれる。

また、戦争に行って見事に散ることを〝美しい〟とする、ボンボン総理が権力を握るいま、精神のバランスを崩し、狂っていく母親の姿は決して、〝美しくはない〟が〝美しく〟死のうとする男らに「死んじゃダメ」と叫ぶ、その母親力だけが人殺しを〝美しい〟として人の心を煽り、戦場へもっていこうとする権力者の横暴を止められる唯一の力なのだということを教えてくれる。

尚、蛇足ながら、愛する者（息子）を失くした人間（母親）の狂気乱舞するさまが悲しく切なくて〝メンドリ〟さんが登場するたびにボクの涙腺が緩んだことを付け加えておく。もちろん、ボクが〝メンドリ〟さんに涙したのは、ボク自身が失恋で愛する者をなくし、その傷が癒えていない状態であったことも大いに関係していたことはいうまでもないが…。

第28回　心に突き刺さる言葉

生身の人間が演じているからだろう。芝居の科白が、グサリと観客であるボクの心に突き刺さってくることがある。

そんな科白に出くわすと、その芝居の台本が読みたくなり、手に入れて読み、その言葉を何度も何度も咀嚼して、なんとか自分の言葉にしようとしているボクがいる。

七月一日から九月末日までの三ヶ月の間に観た芝居の中にも、ボクの心を突き刺したいくつもの言葉があった。

まず七月十一日に八幡山高井戸陸橋そばの特設テントで観た「野戦之月海筆子」公演『変幻瘡蓋城《かさぶたじょう》』（作&演出・桜井大造）。

台北、東京、北京の三都市で上演されたもので、アジアの貧民街ではあるが、そこがどこか特定できない街。

装飾された街の虚飾の瘡蓋が剥ぎ取られた世界で、多数《たづう》と呼ばれる空想のゲリラが、自分が何者であるのかを探し求めてさまよっている。

そんな多数に、こんな科白が投げかけられる。

〝砂時計の中で、わたしらは一人ひとりバラバラな世界を持っている。だけど、一人でいるわけじゃない。絶えずたくさんのだれかと身体を接しているんだ。一人だけど、多数なんだ〟

そして、つづけて、次のような科白がつづく。身体を接して芋を洗うような渋滞に置かれている。痛い、痛いけど、そこで生きていくためには、世界を変えなくてはいけない。

「一人だけど、多数」

自立した個人として生きていこうという思いを抱いて生きるボクたち団塊の世代にとって、この言葉をきっちりと体現したいという思いは強い。だけど、できない。そのジレンマの中でボクは、いまを生きている。

だからこそ、この言葉がグサリと心に突き刺さってきたのである。

八月二十四日、新宿・紀伊國屋ホールで観たのが「月蝕歌劇団」公演『寺山修司―過激なる疾走―』（脚本&演出・高取英）。いかにも寺山のことを扱った芝居らしく「もういいかい」「まあだだよ」かくれんぼの場面で幕が開き、少年寺山が、鬼にされたまま、友だちがみな大人になっていくという筋立てで舞台は展開していく。

寺山の作&演出作品『盲人書簡』『邪宗門』などの場面を再現しつつ、寺山のことを書かせたら天下一品の高取英が描く寺山修司の生涯で、中年になった寺山のこんな科白がある。

〝「わたしだって、父親になるチャンスは、何度かあった」だが、わたしは父親になることを望まなかったし、自らを増殖させ、拡散することを、拒んできた。わたしはわたし自身の父親になることで精いっぱいだったのだ〟

寺山修司といえば、まず思い浮かぶのが母親である。ところが、この芝居は寺山の〝父《ち》親《ち》定め〟（父親を自分の中でどう位置づけるかという意味である）がメインでアッと驚く寺山論に仕上がっていた。

「わたしは、わたし自身の父親になることで精一杯だったのだ」

父親になることを拒んで、今年五十七歳になるボクもまた、ず～っと〝父《ち》親《ち》定め〟をしつづけてきた一人であるだけに、この言葉が何日も心にひっかかった。

九月七日、ベニサン・ピットで観たのが「流山児★事務所」公演『オッペケペ』（作・福田善之、演出・流山児祥）。

六〇年安保の余韻がさめやらぬ六十三年に書かれた川上音二郎をモデルにしたこの芝居、民衆と国体の問題を提起していてとても熱い。そんなこともわからず政治家になっている平成の政治家たちに、ぜひとも見せたい芝居だと思った。

ラストに明治の物語の中に現行の日本国憲法、前文を力づくで挿入しているところに演出家流山児祥の志の高さを見て拍手！

芝居のメインコピーにもなっている、

「心に自由の種をまけ」

オッペケペ節のこの一節。しかと受け止めたい言葉である。

九月二十九日、亀有香取神社境内で観たのが「劇団夜行館」公演『津軽悲劇三部作　無縁童女往生絵巻　第一部——童女誕生篇——』（作&演出・笹原茂朱）。

母親の胎内ではぐれてしまって生まれてくることができなかった、みなしごの童女たちの物語が、哀調を帯びた弥三郎節と連鎖して語られる。その中の科白に、

〝一生かけてはぐれたものを探せばいい〟

というのがあった。

そして、その後、みなしごの魂はねぷたの炎となって燃え盛る。

その場面を目の当たりにして、ボクがまだ失恋から立ち直っていないことを思い知らされる。

母と子がそうであるように、男と女も人の縁《えにし》は、

「一生かけてはぐれたものを探せばいい」

ボクは、境内に登場した火の入ったねぷたを観つめつつ、何回もこの言葉を心の中で繰り返し呟いていた。

第29回　娼婦小説、娼婦映画、そして娼婦芝居

二〇〇八年三月三十一日で、赤線が廃止になって五十年が経過する。この日までに、どうしても出しておきたい本があった。

田村泰次郎「肉体の門」、松本清張「ゼロの焦点」、水上勉「五番町夕霧楼」、橋本忍「幻の湖」、車谷長吉「赤目四十八瀧心中未遂」などなど戦後物語られた娼婦を主人公にした小説を集め、それをボクが風俗ライターとして歩んできた三十数年の風俗現場と重ね合わせて読み解くというコンセプトで、これを読めば戦後の娼婦小説の全てがわかるという資料性のある本である。なんとか赤線廃止五十年目の日に間に合って、二月初旬「娼婦学ノート」（データハウス刊）という形で出版の運びとなった。

全部で三十七作の娼婦小説と「競馬場で逢おう」をはじめとする寺山修司の競馬エッセイ集を読み解いたのだが、その作業を通して前述した五作の他にも花村満月「皆月」、吉行淳之介「夕暮まで」など、戦後の娼婦小説のうち、実に十五作が映画化されていることがわかった。

もちろん娼婦が主役の映画は他にも数多くある。ゆくゆくはそうした娼婦映画を娼婦小

説を読み解いたのと同じ手法で分析してみようとも思っている。

もうひとつ「娼婦学ノート」を書いていく過程で気が付いたことがある。

三十七作中、林芙美子「骨」、芝木好子「洲崎パラダイス」、中村うさぎ「イノセント」など九作が女性作家の作品だった。女性作家が娼婦の心の闇に共振して書いたこれらの作品の中に、娼婦と老婆を対比させたり、心と身体をバラバラにしてその結果、三分の一だけ娼婦になりたいという女性でなければ発想しえない娼婦願望が書かれていたりして、興味深く読ませてもらった。

前振りが長くなってしまったが、もちろんこれは今回のアングラ芝居評に大いに関係がある。

十二月六日、赤坂RED／THEATERで観た芝居は「ポツドール」〝女〟シリーズ第二弾『女の果て』（脚本＆演出・溝口真希子）。第一弾の『女のみち』は溝口がAV監督ということもあってAV現場の物語だった。そして第二弾は無店舗型の風俗店、つまりホテルヘルスの物語で、ボク的にいえば娼婦芝居――。

物語はホテルヘルスの女性たちの待機ルームを舞台にして店長に惚れた風俗嬢とその女心を上手に利用して女を働かせるホスト上がりのイケメン店長の日常が、リアルがウリの「ポツドール」の芝居らしく、ドキュメント映画のように描かれていく。

その女たち同士、あるいは店長、マネージャーと女たちのやりとりはリアリティがあって、ホテルヘルスの内実を知る男の観客から、しばしば笑いが洩れる。

それにしても、この芝居、女性の観客が多い。彼女たちは一体、ホテルヘルスの日常に何を見ようとしているのだろうか？

やがて、この店長が店のホームページに登場する。たしかに、取材で出会う店長の中にこういう店長っている。物語的にはこれが結構重要で、次のシーンにこのホームページを見てある女が面接にやってくる。

店長は留守で、ＷＥＢ担当の女性が面接し、マネージャーが講習というプレイの実技レッスンを行なう。

そこへ店長が帰ってきて、講習を終えた女とハチ合わせする。

実はこの女、店長の妻。

連日、仕事といって家に帰らず店の女の子と遊び呆けている夫に妻が切れ、ホームページで店を探し出し、面接にやってきてマネージャーとセックス講習。

店長はバツが悪い。

妻は、これでお相子でしょという感じで潑剌としている。

そこに美輪明宏が歌う〝ボン・ボヤージュ（よい旅を！）〟の歌が流れてきて幕。

このシュチュエーションを男の目線で描けば、イケメン男がいい気になってしたい放題なことをやっているうちに、女房に好き勝手なことをされて、トホホ……の喜劇。ところが女性の目を通すと一人の男を巡る数人の女たちの愛の葛藤の物語となる。

何がどう違うのだろう?

ハタと気が付いた。

店長は、妻以外とのセックスは遊びである。

ところが女性たちの店長への愛は全員が本気(WEB担当の女も実は店長に惚れている)。

そんな中で、店長の妻が店長と同じ発想で性をとらえ始めると、こうなる。

それが〝よい旅〟なのかどうかはわからないが……。

赤線廃止から五十年。

かつては、苦界に身を沈めるといわれ、運命論で語られてきた娼婦の世界。

ところがいまは、女性が作・演出した娼婦芝居『女の果て』でわかるように、その世界を運命論で語ろうとする者などまずいない。では、今後どのような切り口で娼婦が語られるのだろう。そのヒントが女性作家の娼婦小説、あるいは娼婦芝居に隠されている。そんな気がする。

第30回　七十二歳の寺山修司

二〇〇八年五月四日は、寺山修司が四十七歳で亡くなってから二十五年目の命日である。寺山の「家出のすすめ」に煽られて上京したボクは、いま五十八歳。

寺山の生きざまを見つめ、それに近い形で生きようと決めてきたが、老いた寺山像がないのだから、これからはボク自身で考えて老いて生きることを実践していかなければならない。

そんなボクにとって、二〇〇七年の夏に観た高取英の作・演出、「月蝕歌劇団」公演『寺山修司——過激なる疾走——』で語られた、青年寺山の独白調の科白、

〝「わたしだって、父親になるチャンスは、何度かあった」だが、わたしは父親になることを望まなかったし、自らを増殖させ、拡散することを、拒んできた。わたしはわたし自身の父親になることで精一杯だったのだ〟

は、ずーっと気になっていた。

寺山といえば即思い浮かぶのが母親との確執である。ところが父親ともいろいろあったようである。

また「家出のすすめ」を説いた寺山だが、実は彼自身は「天井桟敷」という疑似家族を作り、そこの父親であったようである。

父親、家族……。

年齢のせいか、ボクもここのところそういうことを考えることが多くなってきた。念のために記しておくが、ボクはひとり者である。

そんなわけで、ここのところどのような芝居を観ても、そういう部分がやけに気になって見えてくる。

二月七日、新宿のSPACE雑遊で観た「流山児★事務所」公演『血は立ったまま眠っている』（作・寺山修司、演出・流山児祥）は寺山が一九六〇年、二十三歳のときに書いた処女戯曲。八年前「流山児★事務所」が渋谷・ジャンジャンで上演した公演も観た。そのとき、この芝居は六〇年安保時のテロリストの物語であったと記憶している。

ところが、今回ボクがこの芝居でひっかかったのは、本筋のテロリストの生きざまではなく、ストーリー展開上は脇役である猫殺しの少年（小林七緒）と床屋であるその父親（富澤力）の生きざま、死にざまだった。仲間を裏切った父親に対し、少年はこんな科白を吐く。

「裏切り者の父ちゃんなんか、おれの唾だ」

「おれの吐き出す唾のなかでも、一番うすい、水っぽい唾だ」

「父ちゃんの豚め」

これは寺山の父親観である。寺山は処女戯曲でハッキリ父親との確執を書き記していたのである。

父親を豚と定めたとき、少年は？

この苦しさは、そう定めた者しか理解できない。ボクが若い頃に寺山に親近感を持ったのは、父親を豚と定めたその感性が共通していたからかもしれない。

さて、三月六日、神楽坂のシアターIWATOで観た「龍昇企画」公演『モグラ町』（作&演出・前川麻子）は奇妙な家族の物語だった。

父親が死にかけている。そこに集まった五人の兄弟。これが実にしまらない兄弟で、ひとりとしてピシッとした人間がいない。

四十年前、長男（龍昇）が少年を犯す。だが父親がその罪を次男（塩野谷正幸）に押し付け、体裁をととのえたといった家で、父親もピシッとしたところがない。舞台で繰り広げられるそのゆるゆるの五人兄弟の家族の物語を見ているうちに妙に心が落ち着いているボク自身を発見する。

『血は立ったまま眠っている』は豚野郎の父親から自立しようとした少年の物語だった。

『モグラ町』はみっともない父親から生まれた子どもたちが、そのままの形で生きているという物語である。

寺山のソレが近代的自我に目覚めた少年の物語なのに対し前川のソレは誰もが近代的自我に目覚めようとしない人間たちの物語であった。

三月二十二日、こどもの城青山円形劇場で観た「黒色綺譚カナリア」公演『葦《あし》ノ籠《かご》』(作&演出・赤澤ムック)は劇場内を葦の生い茂った河原にして繰り広げられるアングラ芝居で、子どもを亡くし、妻にも去られた男が、河原に疑似家族を見つけ出すというストーリーで、男が妻だと見誤る乞食に扮した下総源太朗の怪演が光る舞台だった。

疑似家族――この発想も興味深い。

近代的自我とやらを引っ込めることなく東京で、まだまだ突っ張って生きていくか?

あるいは、近代的自我とは縁遠いモグラ町へ帰ろうか?

はたまたどこかで疑似家族を見つけ出すか?

ボクもそろそろ、老いの〝生きざま〟を決めなくてはならない年齢に差しかかってきている。

ところで、いま、寺山修司が生きていたとしたら、七十二歳。どのような〝老い〟を見せてくれているのだろうか?

性風俗の文化史年表 1968-2018

★1968（昭和43）年
1月 ▼関孝二監督「変態魔」飛び出すピンク映画がヒット
秋 ▼吉原トルコでベッドマナー
☀この年、全国のトルコ風呂713軒

★1969（昭和44）年
4月 ▼川崎・堀之内「川崎城」浜田嬢が「泡踊り」発案
5月 ▼若松孝二監督のピンク映画が人気
☀この年、大人のおもちゃの電動バイブ登場

★1970（昭和45）年
▼松尾書房からビニール本
▼浜松のステッキガール350人、1963年全盛期の4分の1、時間6000円、泊まり1万円
☀この年、新宿に大阪のパンマ大量に進出（大阪万博の余波）
☀トルコ風呂で、イス洗い始まる

★1971（昭和46）年
2月6日 ▼雄琴にトルコ風呂第1号店「花影」オープン
8月 ▼初のスワップ情報誌「全国交際新聞」創刊。援助交際の文言が
11月20日 ▼にっかつロマンポルノ第1作「団地妻・昼下がりの情事」公開

12月　▼電動バイブ「熊ん子」発売
☀ピンサロ「ベニス」の指入れサービスが人気

★1972（昭和47）年
5月7日　▼一条さゆり、わいせつ罪で逮捕
7月7日　▼田中角栄首相誕生
10月　▼にっかつロマンポルノ「一条さゆり・濡れた欲情」大ヒット
☀この年　ピンクサロンのおしぼりを使ったシコシコプレイが大流行

★1973（昭和48）年
☀この年、雄琴に37軒のトルコ風呂、新潟にもトルコ風呂1号店、大宮にSMトルコ風呂
☀ストリッパー、バーロ・ブレンダが天狗ショー

★1974（昭和49）年
1月　▼ストリップに「マナ板ショー」
7月　▼横浜の清水節子が電話による「セックス相談」開始　吉祥寺に本番サロン
10月　▼ハワイチェーン全国に390店　大阪のストリップ劇場で本番ショー
☀この年　にっかつで谷ナオミ「花と蛇」主演

★1975（昭和50）年
1月　▼銀座高級クラブホステスのトルコ嬢転身が増加
7月　▼潮吹きの窪園千枝子女史が話題に

12月 ▼ピンサロのタワシ洗いが人気
☀この年　岐阜・金津園でさまざまな2輪車プレイ

★1976(昭和51)年
4月 ▼五反田、蒲田、練馬で本番ピンサロ、ピンキャバ
☀この年、テレホンセックスが注目を集める

★1977(昭和52)年
1月 ▼トルコのバイオレンスサービスが広がる
1月 ▼全国のポルノ自販機は1万7737台、エロ漫画も人気
☀この年、全国のトルコ風呂1354軒、トルコ嬢1万7732人

★1978(昭和53)年
7月 ▼京都にノーパン喫茶「ジャーニー」オープン
☀この年、池袋のトルコ嬢南城慶子嬢が客の男性器を計測しSEX白書

★1979(昭和54)年
6月 ▼六本木に日本初のSMホテル「アルファイン」
4月 ▼ビニ本のスケスケ度がエスカレート
▼大阪のストリップ劇場で学習院大学の女子大生が逮捕
11月 ▼札幌のトルコでスチュワーデス、看護婦、尼などの制服店が人気
☀この年　全国のトルコ風呂1450軒、トルコ嬢約1万8000人、利用者は推定2070万人、総売り上げ約2900億円

★1980(昭和55)年

1月　▼トルコで純生本番2連発のバイオレンスが波及。入浴料5000円、サービス料2万円
4月　▼都内に女子大生がホステスの「キャンパスパブ」登場
6月　▼裏ビデオ「星と虹の詩」が出回る
▼京都・金閣寺傍にノーパン喫茶「モンローウォーク」
▼「スケスケパンティー集」「ラブハント」などの「もろ見えスケパン」のビニ本が出回る
11月　▼赤坂にSMクラブ「ブルーシャトー」オープン。SMクラブ急増
▼ビニ本出版社約80社、発行部数1ヶ月300万部
12月18日　▼大阪・阿倍野に「あべのスキャンダル」オープン。爆発的なノーパン喫茶ブーム

★1981（昭和56）年
1月　▼関西に「朝一番」「遊蕩」「溜息」の裏ビデオ
2月　▼新宿・ノーパン喫茶90数軒、大阪・120軒
3月　▼マントル続々、赤坂「女子大生の館」新大久保「新宿聖子」「アメリカンレディ」
6月　▼都内に台湾・韓国バー、個室マッサージ、吉祥寺に本番サロン
7月　▼歌舞伎町で無修正のビニ本、茶封筒本が出回る
9月　▼武智鉄二監督「白日夢」公開
10月31日　▼渋谷・場外馬券売り場近くに元祖のぞき劇場「シアター4・5」オープン

11月 ▼寺山修司本番映画「上海異人娼館」公開
▼裏本「ぼたん」出回る。大阪・ミナミ1974年5軒だったトルコ風呂が38軒に
12月 ▼裏本「金閣寺」「法隆寺」

★1982(昭和57)年
1月 ▼
2月 ▼「夕暮れ族」始まる（当初は「愛人バンケット」と名乗っていた）
▼名古屋のトップレス喫茶「ロングビーチ」。デートパブのブーム。飲食代8000円~1万円　店外デート代2万5000円　ホテル代は別。3月には東京にも
7月 ▼代々木忠監督「ドキュメント・ザ・オナニー」大ヒット
9月 ▼ラブホの盗み撮り裏ビデオ人気
10月 ▼裏ビデオ「洗濯屋ケンちゃん」出回る
11月 ▼ノーパン喫茶壊滅
☀この年、ノーパン風トルコ風呂が吉原に

★1983(昭和58)年
1月 ▼新宿にポルノランドでラッキーホール
1月20日 ▼愛染恭子ストリップで逮捕
2月 ▼現役トルコ嬢出演の「トルコドキュメント黄金の唇」公開
3月 ▼電話ボックスにピンクチラシ、初期はサラ金とデートクラブが半々
6月 ▼新宿のストリップにゴンドラ
9月 ▼吉原のトルコ「チャイナドール」でダッチワイフを交えての3Pプ

レイ

11月25日　▼新宿・歌舞伎町エビ通りにエキサイティング喫茶「アメリカンクリスタル」

12月　▼全国のストリップ劇場約200館、踊り子8000人、内1割が生板

12月8日　▼東銀座の「夕ぐれ族」事務所摘発。摘発時の会員数、女性1161人、男性765人

☀この年、吉原「尼御殿」に剃髪トルコ嬢

★1984（昭和59）年

9月18日　▼トルコ留学生が「トルコ風呂」の呼称変更を厚生大臣・渡部恒三に訴え出る

10月25日～翌年1月末まで

イヴ伝説　エロチカ最前線
1984年9月
Toto novels（東都書房）

泡まみれのバス・エンジェル　最後のトルコ小説
1984年12月　茜新社

12月19日　▼川崎・堀之内のトルコ風呂協会加盟55軒がハワイ旅行の当たるキャンペーンを実地
　▼東京都特殊浴場協会がトルコ風呂の呼称を「ソープランド」に
　☀この年、ノーパン喫茶のイブに後援会ができる人気

★1985（昭和60）年
2月13日　▼「新風営法」施行
3月5日　▼「あべのスキャンダル」児童福祉法違反で逮捕
7月　▼テレクラ「アトリエ・キーホール」。のぞき部屋からの転業
12月12日　▼川崎・堀之内のソープランド街で総額半額デー
　▼駒込に「年増園」「うばすて山」など中年女性を使ったホテトル登場

★1986（昭和61）年
8月　▼全国のテレクラ1000軒に。東京400、大阪100軒
9月　▼黒木香「SMぽいの好き」（村西とおる監督）大ヒット。ソープでも腋毛泡姫多数
　☀この年、鶯谷にイメージクラブの第1号店「夢」オープン。元中学教師が川端康成の「眠れる美女」と谷崎潤一郎の「鍵」をヒントに考案。霞が関の官僚のファン多数。料金50分1万5000円
　☀吉原に「ソープ情報喫茶」誕生
　☀アダルトビデオで「顔面シャワー」大ブーム

★1987（昭和62）年

1月17日 ▼日本で初のエイズ患者。7年前から神戸の外人バー従業員、全国でエイズパニック

6月 ▼1985年10月から営業の東京・尾久でのデブ専の売春クラブ摘発

9月 ▼札幌・ススキノで日本初のマンションキャバレー「マンキャバ」誕生

11月 ▼駒込に平均年齢60歳のホテトル。最年長は72歳。

★1988（昭和63）年

10月 ▼村上龍のSM小説「トパーズ」2ヶ月で24万部のベストセラー

11月 ▼「平凡パンチ」廃刊

☀この年、伝言ダイヤルブーム

☀午後11時から「あべのスキャンダル」が看板取り替えて「ちち乃屋」に。また大阪・キタの堂島にトップレスの女性がお運びをする寿司屋

『フー族の姫』1986年1月 茜新社

・線後を彩った女たち 性風俗縮刷版 その30年史 1987年6月 双葉社

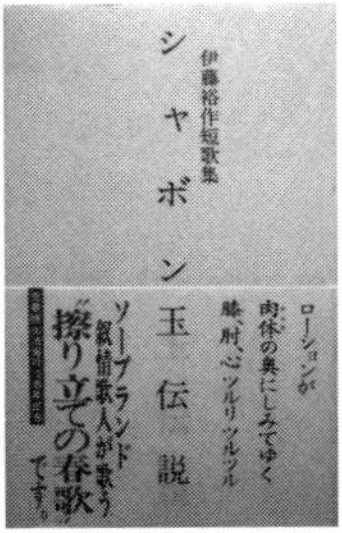

伊藤裕作短歌集 シャボン玉伝説 1988年4月 ブロンズ新社

★1989(昭和64、平成元)年

☀AVに豊丸、沙也加、ゆかり、千代君の淫乱四天王
「オー・シャレ・スシ」も

1月7日 ▼裕仁天皇逝去

☀この年の大阪・飛田遊郭の正月料金(かまぼこ、煮豆、昆布まきのつまみ+ビール)30分1万5000円、つまみなし20分1万円

☀ダイヤルQ2登場

☀前立腺刺激の性感マッサージがトレンドとなる。吉原のソープの社長が前立腺治療のために病院へ出向きアナルに指を入れられ、これは商売になると発案

★1990(平成2)年

☀この年、新大久保に超豪華SM倶楽部登場、また赤ちゃんプレイの店が脚光を浴びる

☀ピンサロで「花びら回転」始まる

★1991(平成3)年

☀歌舞伎町の外人クラブにソ連人ホステス

★1992(平成4)年

☀この年、コスプレとイメージプレイのイメクラが人気

☀ビデオ鑑賞会が出現

☀横浜・曙町にあった病院が移転し、風俗店の新規開業が許可されることになり一大風俗街に

★1993（平成5）年

☀この年、イメクラ全盛

☀コスプレがヘルス、ピンサロ、ソープにまで波及

☀吉祥寺に女子高生デートクラブ

★1994（平成6）年

☀この年、ブルセラショップからフェチショップへ

☀大阪にカップル喫茶1号店、即東京に飛び火

☀この年半ばから、第三のヌキ、素股プレイの「性感ヘルス」が登場する

★1995（平成7）年

1月17日　▼阪神・淡路大震災

1月31日　▼三宮駅前のヘルス「クリスタルマジック」井戸水を使って営業開

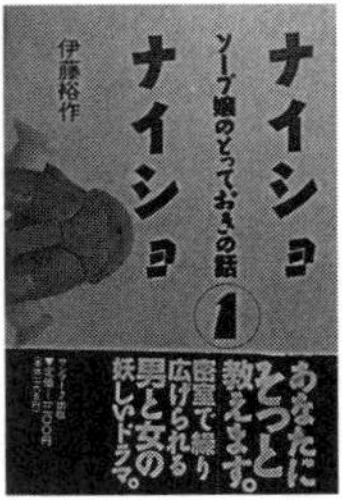

ナイショナイショ
ソープ嬢のとっておきの話
1990年8月　サンマーク出版

ナイショナイショ
ソープ嬢のとっておきの話［文庫版］
1992年8月　サンマーク出版

ナイショナイショ
SM嬢のとっておきの話
1992年10月　サンマーク出版

3月20日 ▼オウム真理教による地下鉄サリン事件
☀この年、北千住に「韓国エステ」第1号店
☀ストリップでは素人を舞台に上げる「素人ステージ」が流行
☀「性感ヘルス」にソープで使うエアマットを使うマットヘルス、女性器を次々しゃぶるマンコそばプレイ、パイパンの子ばかりを集めた「元祖パイパン倶楽部」が登場　またアナルファックの専門店も始
☀ソープの高級化が進み、吉原160軒中半数が総額5万円以上の店に。巨人のK投手と結婚した吉原の椎名みなみ嬢、有名服飾ブランドのジュニアと結婚した岐阜・金津園の南野陽子嬢がマスコミで大騒ぎ

★1996(平成8)年
☀この年、春に新しい風俗業種、ヌキキャバ「NEW・COッスル」が新宿・歌舞伎町に登場。新宿女子高生デートクラブ摘発
☀東京・池袋が歌舞伎町を抜いて風俗店数ナンバーワンに
☀五反田の慶応大学卒のSM店オーナーが殺害されて話題に

★1997(平成9)年
3月9日 ▼未明、渋谷の円山町で客を引き身体を売っていた東電OLの殺人事件発生

★1998(平成10)年
☀この年、韓国エステ増加

▼新宿のノーパンしゃぶしゃぶの店「楼蘭」が大蔵省の官僚接待で注目される

▼さまざまな国のオリエンタルエステ盛り場で全盛

☀この年、全国のソープランド1263軒、個室マッサージ829軒

★1999（平成11）年

4月1日 ▼新風営法施行でデリヘル合法に

3月 ▼「バイアグラ」日本で発売開始

★2000（平成12）年

4月6日 ▼元祖女性風俗ライター　あべしょうこ死去

☀この年　癒し系アロマテラピーの店が注目を浴びる

★2001（平成13）年

9月1日 ▼新宿・歌舞伎町の雑居ビルで火災、44人死亡

1970年20歳
1996年4月
双葉社

ナマ録　淑女のひとりごと
1996年7月
双葉社

戦後「性」の日本史
援助交際少女でもわかる歴史教科書
1997年11月　双葉社

9月11日 ▼アメリカ　同時多発テロ

★2005(平成17)年 ☀この年、30分3900円の「サンキュー」「射ガール」などが人気
☀「韓国エステ」全国に1000店

★2009(平成21)年 ☀この年、AVで熟女ブーム
☀横浜・黄金町、日の出町の「ちょんの間」風俗店壊滅
☀この年、吉原に40歳以下お断りのシニア専門ソープができて話題に
☀女性にオナニーを見てもらって……という「オナクラ」登場。この業種によって素人女性の風俗参入のハードルが低くなる

★2011(平成23)年 ☀この年、60歳未満お断りのデリヘル登場。回春エステも人気に
3月11日 ▼東日本大震災

★2012(平成24)年 ☀この年　女子高生がマッサージの「JKリフレ」急増。マッサージなしの「JKお散歩」も

★2013(平成25)年 ☀この年　デブでもブスでもOK、地上最悪の風俗店を名乗る「デッドボール」が都内各所で大評判

★2017(平成29年) ☀この年、全国のソープランド1217軒、店舗型ヘルス780軒、

派遣型ヘルス20116軒

★2018（平成30）年

12月30日 ▼北千住、赤羽ハリウッド閉店

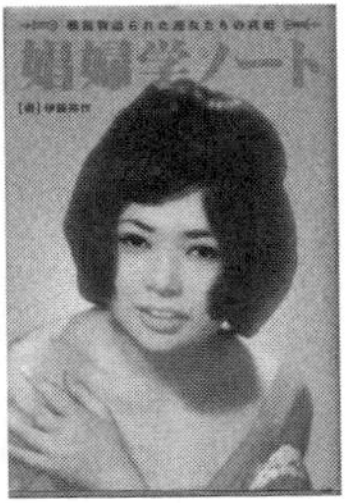

娼婦学ノート
戦後物語られた遊女たちの真相
2008年3月 データハウス

私は寺山修司・考 桃色篇
2010年3月
れんが書房新社

風俗ルポ 昭和末年のトルコロジー
昭和の性文化①
2015年4月 人間社文庫

愛人バンクとその時代
昭和の性文化④
2015年10月 人間社文庫

寺山修司という生き方 望郷篇
昭和の性文化⑥
2018年3月 人間社文庫

「アイサ妙だよ」――文章家伊藤裕作

衣斐弘行
（文芸同人誌「火涼」主宰）

表題は明治文壇に鬼才を謳われた斎藤緑雨（一八六七～一九〇四）が明治二十四年に発表した花柳小説『かくれんぼ』の叙文での一語。そこで彼は「万一『かくれんぼ』は何（ど）うじゃと尋ぬる気まぐれ者もあれば其時アイサ妙だよと仰せ置かるれば済むべし是れ小説を読且評する一大秘密の便法なり」と云っている。自作『かくれんぼ』の評判や批評をするものがあれば「あの小説は絶妙だな」と云ってくれればいいので、それがこの小説を読んだ者の私に対する一番の誉め言葉だ、というのである。「アイサ妙だよ」という掛け声を緑雨はこの小説の読者に期待した。しかし、そんな彼の思いとは裏腹に同年に出た花柳小説『油地獄』にその「アイサ妙だよ」の掛け声は集中した。「油地獄を言ふ者多く、かくれんぼを言ふ者少し、是れわれの小説の筆を着けんとおもひ、絶たんとおもひし双方の始なり、終なり」（明治三十二年『日用帳』）と彼は嘆いた。緑雨の小説家への評価は必ずしも高いものではなかった。しかし、後年芥川龍之介が指摘したようにその後の緑雨は文章家、毒舌家として鬼才ぶりを発揮した。

私は一昨年五月津市芸濃町椋本の古刹東日寺境内での野外劇を観たとき、この緑雨の「アイサ妙だよ」という言葉が思い浮かんだ。野外劇は座長桃山邑による「パノラマ島綺譚外傳」で江戸川乱歩原作をベースに座長以下の面々がそれぞれに役柄を好演熱演。劇は全体のストーリーを観て楽しむというのではなく、その大がかりな仕掛けを楽しみ客と演者、それに小屋掛けの野外劇場全体も作品のひとつで、そこに観客をのめり込ませる意外性が大きな魅力。それは桃山座長曰く「鑑賞としての演劇ではなく、あくまでも芸能だと思っている。おもてなしの精神でショックを与えたい」という世界。

この劇との縁は伊藤裕作との出会いからである。たまたま彼の従兄弟が私の知人であったという縁で十年程前に彼と出会った。この出会いはユングの云う「意味のある偶然」だと私は感じた。これを機に彼から『娼婦学ノート』（平成二十年データハウス刊）やその後『私は寺山修司・考』（平成二十二年れんが書房新社刊）といったユニークな著書をいただき読んだが面白いものであった。その頃の彼の肩書は風俗ライターであったりフリーランスの文筆業であったりした。芸濃町椋本の地は彼の生まれ在所。「パノラマ島綺譚外傳」の構想も郷土の産業に貢献した幕末から明治にかけての二人の先人への想いからの産物。一人は村に横山池を造り安濃川上流から導水路を造築し灌漑用水を引きこの地を豊穣な水田地帯にした駒越五郎八。もう一人はこの地で製茶製造に心血を注ぎ、その後横浜から世界へ紅茶加工産業販売を発信した駒田作五郎。伊藤裕作は津や芸濃町に近い亀山に縁のあった江戸川乱歩（彼は名張で生まれた後暫くこの地で育つ）は当時この二人の郷土の先人のことを知っていて、それはをヒントに「パノラマ島綺譚」を書いたのではと推論。この論は「妄想の果実～乱歩〈パノラマ島綺譚〉と芸濃町」と題し「季刊文科」六十八号（平成二十八年四月）で読むことができ興味深く、また同年十月八日付朝日新聞土曜版〈みちのものがたり〉でも再考紹介されている。会場となった東日寺はこの駒越五郎八が造った横山池に縁深く、そこでの上演も彼が、芸濃町を芸の濃い町にする会として立ち上げた由縁。

私はその後、彼の著述本二冊を妻の伯父で文芸評論家の清水信（一九二〇～二〇一七）に見せ、伊藤裕作のことを話した。そうしたら清水は既に彼のことを知っていて「この人だろう」と云って膨大な量の書庫から冊子を探し出してきて私に見せた。それは「話の特集」（平成四年五月号）で、そこには彼の「フーゾクライターとして生きるということ」という文章が掲載されていた。また清水は名古屋にある人間社という出版社の高橋正義と親しくそこで出した彼の『昭和末年のトルコロジー（風俗ルポ）』や『愛人バンクとその時代』等の本のことも知っていて驚いた。

高橋正義の出版書を紹介した一文（「ＸＹＺ」二四八号・平成二十八年一月号）に清水はこう書いている。「現在の〈風俗世界〉には〈国家にも裏社会の連中にも管理されていない自由な女性たち〉が溢れているのだと伊藤は言っている。〈美辞麗句〉ではない、真実の言葉を〈名もない女たち〉の身体から引き出しているところに、このシリーズの作者に共通する心意気があると、自分は保証したい。がんばれ！」

清水は亡くなる二ケ月余前の一昨年秋、彼に斎藤緑雨文化賞を授与した。その受賞理由で清水は「正史はすべて権力側によって歪曲されて書かれるものである。伊藤氏の庶民の眼による風俗史こそ、真の歴史的成果だと思う。その難行を、今後も続けていって欲しい。」と述べた。これは見巧者清水信が「アイサ妙だよ」と彼へ贈ったエールだ、と私は思った。

（敬称略）

著者／伊藤裕作（いとう・ゆうさく）文章家　1950年2月25日、三重県生まれ。1968年3月、三重県立津高等学校卒業。同年4月、寺山修司と同じ早稲田大学教育学部に入学。7年かけて卒業後、30年間フリーランスの文筆業。2005年、法政大学大学院国際日本学インスティテュートに社会人入学。2009年3月、文筆業を続けながら日本文学専攻修士課程を修了。2015年から人間社文庫「昭和の性文化」シリーズを企画監修し、全8巻をもって完結。近年は作歌活動、演劇活動にもフィールドを広げ、平成28年に津市文化奨励賞、斎藤緑雨文化賞（鈴鹿土曜会・三重文学協会）を受賞した。

人間社文庫 ‖ 昭和の性文化⑧

風俗のミカタ 1968-2018

極私的風俗50年の記録

2019年9月1日　初版1刷発行

著　者　伊藤裕作

発行人　髙橋正義

発行所　株式会社人間社

〒464-0850　名古屋市千種区今池1-6-13　今池スタービル2F

TEL：052-731-2121　FAX: 052-731-2122

振替：00820-4-15545　e-mail：mhh02073@nifty.ne.jp

印刷製本　株式会社シナノパブリッシングプレス

＊定価はカバーに表示してあります。

＊乱丁・落丁本はお取り替えいたします。

ISBN978-4-908627-45-3 C0195